重新定义世界

中小企业转型升级创业实操书

初心会·编

苏州大学出版社
Soochow University Press

图书在版编目(CIP)数据

重新定义世界:中小企业转型升级创业实操书/王挺主编;初心会编. —苏州:苏州大学出版社,2018.6
ISBN 978-7-5672-2432-2

Ⅰ.①重… Ⅱ.①王… ②初… Ⅲ.①中小企业-企业管理 Ⅳ.①F276.3

中国版本图书馆 CIP 数据核字(2018)第 095520 号

书　　名:重新定义世界
　　　　　——中小企业转型升级创业实操书
编　　者:初心会
责任编辑:刘一霖
装帧设计:陆　洋　蒋宏宇
出版发行:苏州大学出版社(Soochow University Press)
社　　址:苏州市十梓街1号　邮编:215006
印　　刷:镇江文苑制版印刷有限责任公司
邮购热线:0512-67480030
销售热线:0512-67481020
开　　本:700 mm×1 000 mm　1/16　印张:15.5　字数:204千
版　　次:2018年6月第1版
印　　次:2018年6月第1次印刷
书　　号:ISBN 978-7-5672-2432-2
定　　价:58.00元

苏州大学版图书若有印装错误,本社负责调换
苏州大学出版社营销部　电话:0512-67481020
苏州大学出版社网址　http://www.sudapress.com

编写人员名单

主　　编：王　挺

统　　筹：朱　珍

作　　者：卜怡文　刘　莎　黄一兰　曹　亮
　　　　　施钟山　芮彩琴　托　娅　杨　波
　　　　　刘泉泽　杨　卿

　　本人王挺，1978年出生的天蝎男，先从"扫楼扫街"做行销开始，后到外企外贸做市场升级，在服务中顺带培训，然后创建凯恩，后成为北大纵横合伙人、魔漫相机联合创始人，今创立初心会。从传统业务到社群经济，创业盖十年有余。至今仍爱好文艺，因音乐而静心，因阅读而沉淀；因传于母亲基因心存善意，因源于父亲性情待人真诚！座右铭：我本将心向明月，无谓明月照何处！在世一生，匆匆过客，唯真实、真诚、真挚为重！时至今日，记最牛之事为：2000年于上海，连续多日，魔鬼训练，每日"扫楼"拜访150多家客户，平均每日有效客户为一半以上。创初心会，既因初心也为兴趣。人之相逢为缘分，人之不弃为情分！对待君子以诚，对待小人以恶，非黑即白，直言不讳！念亲怀旧，人之常情。但中肯阅人，不偏不倚，还需淬炼！

　　关于本次出书初心：在这个世界上，有很多"异类"，他们与众不同、独树一帜、特立独行，他们愿意用自己的一己之力改变这个世界上绝大多数人习以为常的事。有时候他们会重构体验，有时候他们会重塑标准，还有的时候他们会颠覆规则，总之他们不麻木不仁，也不随波逐流，他们是少数派，他们也许主导着未来。在我所熟知也是在初心会众创营深度辅导过的企业中，我认识了很多这样的兄弟姐妹。我想我应该为大家出版一本转型升级下少数派的创业故事书。这本书既要饱含情怀，也要有落地的方法论，充满正能量的同时也富有商业的革新精神。

这本书中有我们四期众创营大师姐芮彩琴"分心即卓越"的专注力教育观点，相信分心儿童特别是多动症孩子不是"坏孩子"而是有天赋的孩子；有三期众创营班长施钟山"演讲即自信"的英语教育观点，相信英语学习的本质不是在于应试而是在于素养的提升；有六期众创营学员 Rebecca 的公寓维修市场"壹元管家廉洁服务"的理念，相信去灰色地带的服务才是最阳光和最有未来的。除了以上几个人之外，还有玩转单客经济的五期众创营学员羊绒衫专业户"托娅"姑娘、实践众创的七期众创营学员口腔专家"泉泽"兄弟、尝试民宿品牌孵化的一期众创营学员"大波"兄、改变传统职业经理人生态的"亮亮"会长、"非遗"推广人"一兰"姑娘、赣鄱大地新赣商领跑者"莎姐"、"95 后"创业者"小鲜叔""卿爷"。他们都是这个时代的弄潮儿。但是创新和突破确实也不易。看到的都是神采飞扬，实际背后却都是无限沧桑……

我希望这本记载着他们的故事也承载着我们的感情，充满着正能量的书，也能够给更多的草根创业者以积极的指导。创业是艰苦的，但是创业的人生往往是精彩的。客观地说，每个人都是一本读不完、看不尽的书。那么就让我们好好感受一下这充满着激情、智慧和正能量的创业百科全书吧！

目录

卜怡文（壹元管家创始人）
壹元管家诞生记 003

刘 莎（骏莎诚品创始人）
精英的时代 025

黄一兰（"非遗"推广人）
让"非遗"走进生活 045

曹 亮（机械荟创始人）
破译"非黑即白"职业经理人的创业腾飞密码 067

施钟山（博蓝奇®创始人）
一个教育创业者的实践 083

芮彩琴（芮老师专注力创始人）
拥有专注力，纵然山高水长，也能披荆斩棘 107

托 娅（茹娅女神汇创始人）
一条从羊绒衫实体零售走向单客经济的不归路 127

杨 波（艺宿家创始人）
重新定义世界之艺宿家 *161*

刘泉泽（庆连口腔第四代传承人）
百年企业传承 *189*

杨 卿（卿云众创创始人）
泛"90后"的万亿市场 *207*

「挺哥说」
用自己"喜欢"的方式活尽一生 *226*

卜怡文

  Rebecca姐姐卜怡文，曾任上市公司人力资源高管，法国KEDGE商学院MBA，打工时年收入过百万元，是人们眼中的"白富美"，却投入创业大潮。非市场销售出身、非知名人物的她，面对非本行项目，历经19个月，在无资本助力的情况下，却让创办的公司奇迹般存活下来！

世界是自己的,梦想是自己的。每一个现在的你,都是自己让自己变成的样子!

人生无悔,活出精彩!

——壹元管家创始人 Rebecca 姐姐 卜怡文

壹元管家诞生记

写下此稿时"壹元管家"创立刚刚满一年零五个月。半个月前收到初心会创始人"挺哥"邀请参与这本书的创作时,真的完全被"惊吓"到了。我是首次创业的"小白",身为一家初创不久的小公司的创始人,自身还在不断地探索和学习过程中,且公司还没什么特别的建树和成就,自我评估完全没有写书出版的资格,也担心自己不成熟的思想和经验给大家造成不必要的困惑。我自己并不太擅长市场宣传,不习惯抛头露面、高调行事,所以起初是完全不打算参与的。然而,当我真正了解到这本书出版的本意时,所有的想法完全被反转,决定以纯粹的帮助之心,毫无保留地将自己创业后的一路所思所想、所见所历分享给大家。尽管想法稚嫩、经验尚浅,仍希望能为正行走在创业路上或准备踏上创业征程的伙伴们提供参考借鉴。

看似"脑残"的"非脑残"创业决定

估计到现在为止,还是会有不少朋友想不明白,为什么这家伙干了十几年人力资源工作,已经是中国人力资源高管圈层的一员,在年薪收入可以让自己过得比较安逸的情形之下,在这把年纪了还"蹦跶"出来创业?而且创的这个业,是和最基层的蓝领水电工打交道,和原来的工作经验、人脉资源完全"八竿子打不着"的公寓房屋维

重新定义世界
——中小企业转型升级创业实操书

修维护。如今可以坦白交代的是,决定出来创业确实是觉得做人力资源工作腻了。这些年人力资源管理的地位看似日渐提升,但在企业内部能真正施展拳脚的人并不多,与其眼睁睁看着各方面都不给力,还不如自己出来"带兵打仗"更利落。然而,如果早知道创业会如此艰辛,我觉得一年前的我未必真的有勇气"跳下海来游泳"。不过,在我的人生字典里从来没有"后悔"两个字,无论正确还是错误,无论处于顺境还是逆境,自己的结论都只会是成长的试错代价、对自己意志和耐力的磨炼。创业时间越久,越发现自己的抗压韧性和积极进取心越强,这倒是因为创业激发出了以前自己都没发现的潜能。

当然,选择这个项目和细分市场并非因为我的个人兴趣爱好,也没有所谓的处心积虑、长期谋划,而是一位经历在三个行业(传统零售行业、互联网娱乐产业、IT服务行业)十几年的跨界历练,并幸运地亲身经历过一家创业公司从初创到赴美上市的全过程的职业经理人,在确定创业方向时,运用自己对于商业的认知进行的负责任的预测判断。

中国人口众多、地域广泛。对于各行各业而言，中国市场是个具有天然巨量优势的市场。然而在各行业已相对成熟，行业巨头垄断的今天，每一个新进入市场的创业者所面对的门槛越来越高，可利用的"窗口期"越来越窄。我们都知道，每个行业的主要收入和利润往往只聚集在行业内的前2名，剩下的追随者们通常只能获得勉强维持生计的微薄利润（幂曲线），复制别人的模式结果必然只能捡漏（漏下来的大都是品质堪忧的客户）。在不择手段和血拼低价抢夺客户的过程中，还时常伴有坏账、市场逐渐萎缩等各种血本无归的风险。

那么究竟什么样的"机会"才是真正的创业机会？纵观国内外，我们会发现，凡是能抓住一个时代的契机，快速异军突起的企业，都有一个共同点：有特别的"两把刷子"，然后从原本成熟的行业里找到一个小的突破点，从这个点出发迅速成为行业内的一个新物种，以迅雷不及掩耳之势撬动原来的行业格局，成为新规则的制定者，推动产业的升级。真正能够找到这个突破点，并在合适的时机（不早不晚）启动的机会，可谓可遇而不可求。若过早，底层基础不具备，培育市场的成本太高，容易成为"先烈"；若晚了，竞争对手林立，血拼竞争惨烈，没有资本支持，几乎瞬间灰飞烟灭。正因为自己在找的是一个真正的创业机会，于是当这个"机会"出现在面前时，就没有什么太多的悬念。

虽然2016年的资本市场对于新创业项目而言是最糟糕的，尤其像我这种首次创业的"小白"，没有投资人人脉积累，做的项目很容易被混淆成O2O，不仅找不到对口投资人，就算偶尔见到了，也会因为是从当时特别小的细分市场入手，因为行业天花板的问题，成为不招人待见的项目。但市场的时机往往稍纵即逝，所以我这个骨子里理性到极致，却同时兼具大无畏冲锋精神的小女子，怀揣着"不指望资本，先挣钱站稳，大不了赔完了重新去打工"的钢铁意念，义无反顾地自掏腰包加入了"大众创业、万众创新"的创业大军之中。当然做决定之前还是扪心自问了3个问题：① 是否真的不带任何情绪认真做好了理性分析？② 是否有足够的心理准备和成熟度面对未知的任何最糟的情况？③ 万一失败自己能否坦然接受？答案都是"Yes"之后，我才真正开始干的。

壹元管家诞生记

在这里不想写博人眼球或催人泪下的创业苦情故事。因为公司资金少，现金流紧张，而服务交付中下游技术工人的费用又不能拖欠，项目一启动，服务资金流转压力就巨大，经常为报销、发工资的钱不够而发愁，每个月在发工资前就到处催账。

活多人少，一人身兼数职，加班加点是每天的生活主旋律。

没有做过销售，也没行业客户资源，自己就上百度搜客户名字，在微信、脉脉上到处加好友，参加行业峰会现场换名片。

或许有些事在别人眼中已经是无比艰难困苦，但对于身处其中的创业人而言，并没有特别的痛苦感知，可能因为我们在路上已经练得皮糙肉厚，自己觉得不痛不痒了吧。

在这里就按照壹元管家的诞生成长路径，分享在每一个阶段我们的成长过程。

每一个新生事物的存在必有其道理，出现必有其因

壹元管家诞生前后的大环境背景：

1. 资本市场忙着收拾疯狂O2O之后的一地鸡毛，与房屋维修相关的生活类服务O2O，均验证了需求低频、线下跳单、漫天开价、服务非标化等一系列问题。

2. 在国家创新创业政策鼓励之下，创业市场很浮躁，各种项目

到处路演找投资。

3．国家连续出台一系列有关房地产行业的政策，其中包括《住房城乡建设部关于加快培育和发展住房租赁市场的指导意见》；2015年11月、12月，政府前后两次释放出重点扶持长租市场的政策利好，并首次明确公寓业是"生活性服务业"。

4．2015年长租公寓新一轮的融资兴起，管理房间规模过万间的大体量公寓企业快速涌现。

5．中国劳动力人口红利拐点出现在2013年，劳动力成本大幅上涨趋势已成定局。

基于以上这些层面的信息，我们做出的预判是：

1．中国的房地产市场在未来很长一段时间内，发展重点为租赁型居住。长租公寓市场刚刚兴起不久，当前市场规模不大，但未来前景可期待。

2．长租公寓自身业务模型中存在着服务链过长、管理消耗大、跨区域管理成本高等问题，标准化、低成本的专业服务外包将成为营运刚需。

3．传统维修服务商缺乏标准化和跨区域服务能力，O2O互联网维修服务平台的业务模型（计件议价、抢单模式）无法匹配企业用户对服务标准化和交付稳定性的要求。

市场有了，目标客户也有了，那么客户的痛点是什么？用什么方案解决？解决方案是否能产生足够支撑一家企业良性运转的利润率？

一切服务需求源自客户的痛点和刚需，一定要是"真痛点＋真刚需"

经过对客户营运管理过程的研究，我们发现不起眼的小服务却背负主要客户满意度指标的现象。正常情况下租后维修与保洁的成本费用占总租金比并不高，但是这两项服务一旦管理失控，将给公寓带来

灾难性的影响。

首先，维修不及时或房屋设施功能问题极易导致客户投诉，从而会引发退租、索赔、网络媒体曝光等一系列伤害品牌、损失收益的后果。

其次，长租公寓的特殊性导致维修变成一个高频的需求，而维修管理是个琐碎但专业性强的工作，存在多个环节的钱财流失风险。一旦企业规模扩大，自建维修服务团队（招聘成本、各种福利、年休假、节假日加班费、薪酬成本、劳动工伤风险、人员管理成本等）一定是不划算的买卖。可是在当前的服务市场上，谁能在有限成本范围内满足公寓经营者的服务需求呢？

再次，对于分散式公寓而言，保洁又是一个没法满足的服务需求。由于租客素质参差不齐，好好的公寓经常被租客糟蹋得惨不忍睹。传统家政公司提供的上门保洁服务费用最低60元/次起，但这样的成本是公寓经营企业难以负担的。清扫工作量大于家庭保洁，而服务费支付能力却低于市场行价。然而不打扫还不行，公寓太脏就没法招租。

结论：正规经营的长租公寓本身是个非暴利行业，投资回报周期长,重营运,营运能力直接影响到企业的盈利能力。现实中营运环节众多而冗繁,大量内部管理沉没成本正在吞噬原本不多的利润。因此无论从经济效益、企业效率还是财报健康度来看,将租后服务环节交给专业的外包服务机构,都是公寓企业最优的选择。所以,对于目标客户的痛点和刚需,我们的定义是:① 合理可控的租后服务成本;② 稳定且可被接受的标准化服务质量;③ 可被追诉查询的服务交付过程;④ 跨区域服务提供能力。

应出租公寓刚需而生的"四不像"服务产品

我们也许是最没有情怀的创业团队,目的单纯到只有"服务能满足客户需要,必须有赢利自供血,可以快速复制、扩大规模"。结果就是服务产品客户需求指向明确,但很不符合市场宣传的要求和特质,导致一直以来大家对于壹元管家服务产品的理解都很模糊,而复杂的业务模型又难以用一两句言语解释清楚。这也是让我们头疼的一件事。为了能让大多数客户快速对我们的服务有个印象,我们直到2017年才推出了第一版勉强可用的宣传语——"1天1元1间房——公寓租后服务大管家"。那么真正的壹元管家产品服务是什么?其实很简单,就是以共享众包模式提供房屋设施(五金、水电、墙面、地面、门窗)维修、家电维修、定期保洁。

核心产品:保险制包月收费模式的房屋设施维修服务

1. 按房间数收取固定月服务费。

2. 在约定维修范围和单个故障维修材料金额限额范围内,包工包料无限次数畅修。

3. 年度服务合同,分月支付服务费——类似企业购买的商业医疗保险的分月支付模式。

配套产品一:改造翻新工程类、家电维修按次计件服务

1. 服务项目标准化定价。

2. 服务完成后结算收费，修不好不收上门费，客户只为结果买单。

3. 质保承诺，质保期内同一故障免费返修。

配套产品二：基础版定期上门保洁服务

1. 统一工具清洁剂配置、标准化保洁程序。

2. 系统工单管理。

与众不同的"两把刷子"

1. 所有服务均制定了标准服务时效（SLA），承诺按照服务时效标准交付服务。

2. 全服务过程依靠 IT 业务系统管控，在需求发起、派单、接单、签到、完修等每个环节中，该有时间戳的、该有照片为证的，一个都不少，可追溯可查询。

这是一个需要配套高效能 IT 业务系统和极度精细化运营的服务企业，两者配套缺一不可。

壹元管家商业模式的设计原理和社会价值

我们整个团队都不是创业"老司机"，所以实话实说，一开始根本谈不上"商业模式"，只能算是有了一个逻辑上说得通的业务原型。所做的第一版 BP 也是"朴素"到极致。好在我是一个积极勤奋好学的"三好学生"，到处收集和学习创业基本知识。也是机缘巧合，2016 年 7 月前后通过微信公众号入了初心会的"海盗团"，然后好学的人儿就收获了满满一筐"实战派"创业入门基础常识。就这样，一个创业"小白"被带入门了。在 2016 年年底真正梳理出一套商业模式，还趁机成为初心会知名"学霸"，抢了当年 BP 路演大赛第一名，获得了参加创业营的奖学金。之后在"挺哥"倾囊传授的满满一筐创业知识之中，我不断打磨优化壹元管家的商业模式、"接地气"的战略战术。截止到今天，我们给大家呈现的仅仅是其中的两招：① 打破成本结构；② 单点突破。

打破成本结构——共享众包模式+营运后台极致精细管理模式

壹元管家的商业模式，至今为止可以称之为"牛"的就是成本管理，而且是在保障服务交付品质标准的前提之下的极限成本管理。2016年下半年在公寓服务领域，其实有两家分别获得A轮和B轮投资的O2O维修服务平台在与壹元管家竞争，然而3~6个月之后，它们陆续主动退出公寓维修这个市场，原因只有一个：几乎都是亏损。同样的服务价格，同样的客户，为什么只有我们能够不亏损经营？没什么神奇招数，就是因为我们设计搭建的后台运营管理体系，真正做到每个环节精细控制到每一元钱，系统开发还没到位前靠人补位控制。这是大多数公司没有考虑到的，或者说规模化之后失控的部分。当然30元服务对应的是30元的基础服务标准。然而不时也有客户拿着市场上2倍甚至3倍价格的服务标准对我们进行检视，提出各种要求。除了理性引导客户认知以外，我们把这些需求当作动力，不断自我挑战，寻找控制成本、提高品质的可规模化方法。在这一点上我是整个公司的"暴君"，为了每一单的服务交付人工费能下降1元，团队经常被逼到濒临崩溃。但大家都知道这1元的成本下降对公司有多重要，无意之间一个超级坚韧的团队就这么被"逼"出来了。

我们是一家非常"吝啬"的公司，没有客户招待费，"不暴利+不亏损"。公司一直以来的营运"天条"：

1. 绝不允许出现亏损经营的客户。
2. 绝不允许弄虚作假欺诈客户。

苦命的营运，就在这两层夹板之下耗尽心力。对于那些房屋设施配置质量差、租客行为素质差导致的交付成本高的客户，我们每天挖空心思，想办法在保障服务标准的前提下控制成本。优化工单计费模式，各区域扫店确定当地材料供应价格，找出性价比最优的配件普及推广，主动投入资源进行部件换新，降低后续的报修率……当团队目标一致、齐心协力时，什么"洋的""土的"办法都出现了，正印证了一句老话：人民的智慧真是无穷尽！

单点突破——这是最适合创业公司初期的市场战术

之前那些创业公司，有些之所以倒下并不是因为市场不对、模式不对，而是因为把"烧钱"做市场当作了理所应当的套路，有钱的时候盲目扩张，四处出击，一旦资本链断裂就"断气"，实在可惜。前车之鉴历历在目，我们自掏腰包创的业，家小业小钱少规模小，没法与任何大公司正面较量。那就从侧翼切入：大公司觉得利润低、钱少事多不想接的需求，只要属于我们的标准业务，我们就满足；在没有利润保证的情况下，坚决不承接接外区域客户。只要是不"烧钱"就能扩展的客户和区域市场，我们就全力扩展，在不"烧钱"的前提下，完成布局区域服务资源，打磨营运系统体系。如今回顾这十几个月的发展历程，值得庆幸的是，我们没有头脑发热做出任何冒进的发展计划，而是集中仅有的资源，安分守己只做出租公寓服务市场。正因如此，我们才能在这么短的时间内在这个细分市场崭露头角。

关于社会资源有效利用思考

每一种商业模式都需要社会资源的支持和利用。在中国，现代服务业面临的最大挑战就是人力资源：人力成本上涨、蓝领技工断层、全社会的劳动力缺口。未来是一个资源稀缺的时代。任何企业都无力阻止社会前进的步伐，而我们唯一能做的就是设计出好的资源利用模式,让社会资源不会成为企业发展的瓶颈。

迄今为止,我依然认为"共享经济"是下一个阶段正确的社会资源高效利用的运营模式。虽然争议颇多,但个人认为大家应该正确区分"分享经济"和"共享经济",具体理论不再赘述。事实是壹元管家的成本破局没有共享经济模式是无法实现的,但这个过程并不简单,需要将对于人性的理解、IT 技术的应用认知、业务流程营运逻辑的深度推演,然后在对这三个领域进行深度解读之后把它们融会贯通,重新构建模型体系。

壹元管家的成长历程复盘

壹元管家能幸运地无灾无险顺利走到今天,除了和早期客户们的信任与帮助有关外,其实还和创业团队极其严谨的周密计划与步

步为营的战术打法有着密不可分的关系。以下按照整个时间轴回顾壹元管家的成长历程和重要事件阶段。

从2016年5月15日确定开始筹建公司，到拿到营业执照共花费10天（含周末）时间。在这10天内完成了2016年度营收计划制订、公司查名、开办公司所有申请手续、办公场地选址租赁、装修筹建、商标设计和商标注册申请、业务系统外包开发的开发公司选定和合作洽谈等工作。至今，这一段充分显示出团队极高效率的创办经历，还是让整个创始人团队有点得意的：在没有任何特殊资源背景助力之下，一个新的团队能以这样的效率筹建出一家全新公司的估计全中国也不会有多少。

2016年5月25日成立上海爱居信息技术有限公司，同时提交"壹元管家"商标注册。注册前查询到完全没有重样和类似的商标，于是顺利获得了受理，但不太走运的是一年后商标注册仅通过了一个品类。

壹元管家的商业模式原型谈不上创新，其实来源于IT行业的维保服务，加上之前有一段做过全国分散式上门电脑维修服务的经验，所以只是将一个相对标准化的体系进行改造后移植到不同的行业。虽然有模仿者号称自己是首创者，但这个模型的工单系统第一版原型最早出现在2012—2013年，研发团队负责人是我的朋友，相信事实和时间会说明一切。壹元管家依据产业和服务特征改造了模型体系并做了优化升级，重新独立开发了业务系统，并在系统正式启动之前经过小规模数据的测试，验证了服务定价规则数据、服务交付模型中的一系列重要数据（上门时效、完修时效、返修率、平均交付成本、故障率等）。这段测试期非常关键，我们对模型的风险和不足进行了必要的校验，从而使得壹元管家正式成立并面向市场时无论在定价、营运管理还是在系统设计方面，都显得不那么生涩。

对于市场的研究和分析,对于出租公寓市场的研究是从2015年下半年开始的。当时市场上的品牌公寓先后进入B轮融资阶段。我们首先对目标客户的体量和内部营运方式进行了认真的了解。其次是对一系列国家政策的解读,对未来政策大方向的预判。我们相信出租公寓市场会崛起,因此租后维修服务市场必然兴起。

关于公司的基因,创业团队基因绝对是决定业务风格和发展防线的关键因素。壹元管家做的是 B to B 的服务,这就需要效率、务实、结果做导向。这些基因不靠培训,完全来源于创始人团队自身加持。公司成立于2016年5月25日,创始股东共4人(Bobo、Cavin、杨阳和我),各自具备的能力正好相互补位,都能独当一面,把公司营运所需职能分工扛了起来。庆幸的是因为创业前都共事过一段时间,所以无磨合期,我们直接是成熟团队合作打拼。稍有欠缺的是团队中缺少研发和市场两个板块的领军人物。即使这样,我们依然以4个"臭皮匠"各自输出的能力,组合之后强行填补了市场和技术的缺口。

关于融资这件事,从一开始成立,"无良"的我就一直在给团队做着一颗红心、两手准备的洗脑工作,始

终坚持"积极寻找专业的资本助力,时刻准备不单纯为钱而折腰,宁可自力更生"的宗旨。但客观地自评,作为创始人,在找钱这件事上我做得不称职,害大家陪我苦熬了这么久,对公司的发展速度也是有拖累的。

2016年6月1日,壹元管家与3家品牌出租公寓正式签约合作。

2016年9月壹元管家业务系统V1.0正式上线,于当年12月申报并获得了业务系统的软件著作权。

2016年12月底,壹元管家累计签约5家品牌公寓,长期包月服务公寓突破12000间。

2017年10月底,壹元管家服务城市拓展到6个,长期包月服务公寓突破40000间。

2017年11月1日壹元管家被评为第六届金砖价值榜2017年度最佳公寓租后服务综合服务商。

这是一个从4人到13人的团队,在没有资本进入的情况下,历时17个月跑出来的成绩。

关于未来

如同一个人的成长过程,每一家企业,每一种商业模式,从诞生到发展,每时每刻都在演变进化。今天看到的壹元管家,只能代表过去种种因素让我们长成的现在的模样,明天一定不会和今天一样。我希望未来的壹元管家无论长成何种模样,只要是一家具有商业价值和正确道德观的企业就足矣。

定稿之时,壹元管家项目的最新进展:获得专业风投机构数百万人民币的天使投资。曾以为融资成功会很开心,但获得投资之后完全无兴奋感，反而倍感压力。满脑子只有一件事，明天的业绩怎么搞定?!

后记：创业那点事

上面一堆严肃话题估计让大家看得很累，下面就写点真实故事让大伙感受下我们的真实生活吧。

情节一：原来所有影视剧演的情节，现实生活中真的都存在，没有遇到是因为经历太少

2016年5月下旬，公司还在成立过程中，就遇上第一轮的被抢客户和被挖团队，还好团队骨干都是股东，在自己事业的坚定信念下，不为金钱所动，成功抵御外界诱惑。同样因为是自己的事业、自己的公司，面对抢客户的对手，股东与拿工资的销售经理较量时所爆发出来的能量自然不是一个等量级的。

情节二：什么叫白手起家？就是什么都得干，而且是想尽办法不花钱地干成

公司成立第一个月就落地开始交付服务业务，那么维修师傅从哪里来？58同城+"扫街"扫出来……这战术不是一般公司的HR能"啃"下来的。其他招聘途径虽然也有，但是太花钱，而我们真的缺钱。每天晚上上网到处找水电工维修师傅的手机号码线索，然后白天一个接一个地打电话。由于基层劳动人民被各种施工队、公司欠薪骗财太多，因此我们无数次被当成骗子。就算谈下来了，也要先微信付款再做单，结果遇到了收了钱消失的、做完单没几天出了问题消失的。这些损失和伤害只能我们自己承担。好在因为我们对服务的师傅们一直信守承诺、按时结算，对于有些客户强扣强罚的不合理罚款，并不野蛮粗暴地转嫁给师傅，而是由公司承担，所

以一点一滴积累出师傅们对我们的信任。

情节三：为了生存，"刷脸"刷到没脸。上半辈子积攒下来的所有友情和人情，这一次全部变现，顺带还欠下新的一堆人情债，但愿以后有机会加倍偿还

这么点创业资金，还要开发系统，没钱了怎么办？说到系统，不得不感谢两个兄弟团队，没有他们在关键节点先后给壹元管家支持，我们说不定就真的坚持不下去了。尽管我们知道业务模型对精细化管理要求极高，自己的业务系统必须定制开发，但是时间很紧，所以和外包研发团队沟通需求的同时，我们还得解决当下的问题。幸好有朋友的团队有开发好的在 App 中已上架的 SaaS 工单系统，当时对方未收取分文，以纯友情支持的方式给我们做业务交付测试，一直支持到我们自己研发的系统上线。另外一个，就是帮助壹元管家定制开发第一版业务系统的"银哲"团队。他们仅用 3 个月时间就赶出第一版壹元管家自己的业务系统。这一版系统整整支撑了我们 12 个月的业务交付。虽然后续因为系统升级需要更复杂的技术，所以无法进行新一轮合作，但这一版系统确实为我们的发展助力很多。所以，在这里必须代表壹元管家感谢上面两个团队的伙伴们，患难之时的援手之情铭记在心。

以上仅为欠的一部分人情债，另有大大小小一箩筐没法罗列的，就连表弟也被我狠狠"压榨"了一番。

情节四：什么叫白手起家和勤俭持家？就是公司的"预算"不是给你花的，能不花钱实现目标的就不花钱，能少花钱实现目标的就少花钱，任何不解决实际问题的装点门面的费用一分都不花

公司成立至今，第一批办公家具没花一分钱：正好一位朋友的公司业务收缩，于是一拍即合，全套 8 个工位的家具以及打印机、

微波炉都放在了我们租的办公室。这套家具一直跟随我们到今天，后面因为不够用了才加了一部分工位和文件柜。所有创始人的工作电脑均为自己购买的私人财产。

情节五：原以为只要竭尽全力，不成功还可以回去打工，但"上路"之后才知道，背负太多期许的目光，不愿辜负别人的期许，不愿辜负伙伴的青春，更不愿留给自己一份失败的答卷，所以没有回头路了

我是最不愿意向外界提创业有多苦、团队有多苦的。之前网上疯传的让人看了"泪奔"的"滴滴"影片，当时看完居然无感，如果要问为什么，那么只能说和我们相比，那都不算个事：

调度派单派到零点，累到趴在电脑前睡着了，凌晨两点多惊醒，爬起来继续派单关单。很长一段时间，我们的调度日复一日过的就是这样的日子。

突然某一天创始股东之一在电话里用颤抖的声音说："Rebecca，明天我必须去一下医院，我的一只眼睛看不清屏幕了。"第二天他告诉我医院查不出原因，怀疑脑部有肿瘤，还要换医院继续查。在这事之后，虽然公司还没赢利，但我立马给全员买了意外医疗保险，我真的害怕有团队伙伴倒在"半路上"。

365天、7×24小时的服务跨度，使得营运中心全年时时刻刻处于高度紧张的状态。公司人少，所以"一个萝卜两个坑"，能保证基本的轮休时间已经非常珍贵了，更不要谈一段时间的年休假，准确地说就算是休年假，笔记本电脑还是"阴魂不散"地待在身边。至于团建活动、公司聚餐，那都是极度奢侈的事情，时间对我们而言是最宝贵的资源。2016年的公司年度聚餐是在工作日的中午进行的。为什么是这尴尬的时间？因为只有这个时间段报修最少，大家还能相对安静地吃饭、说话。

创始股东之一 Cavin 曾在微信朋友圈发过一句话:"你问创业苦不苦,确实很苦,但是苦着苦着居然就习惯了。"

结　语

从来写不了长篇大论的我,居然写完了这篇"诞生记",赏自己一个大大的冰激凌。自己创业之后,再也不鼓励别人轻易跳创业这个"火坑"了。个人关于创业的理解:真正的创业,注定是走一条没人走过的"路"。没有一种成功可以被复制。每一天都是全新的开始,每天面对的都是未知的未来。真正的创业者是终生前行者,不停留,不回头。无须在意别人的评价,时间会证明一切。

祝每一位在路上的伙伴实现自己的理想!

愿每一位即将启程的伙伴选对自己的道路!

项目启动初期做市场的时候,就很精细化地完成了测试,在没有亏钱的情况下走完一个闭环,这种追求极致的创业态度确实尤为可贵。以过去的人力资源工作经验做一个跨行的项目,完全是把人力资源工作的这种细致、专注的工作态度复制到项目中,同时也充分运用了精益创业 MVP 的方法论。

整个项目可从以下三个方面继续探索。

◉ 产品服务

如何把服务软件和服务规范提升?软件对体验的要求是很高

的，要让 B 端的用户不仅能更省时、省力、省心地了解目前整个公寓维护保养的现状，比如打开一个界面就能看到这个公寓里的设施设备的保养频次、维修记录、服务概况，而且能随时随地方便看到整个公寓每一次服务的过程，如打扫、维修、保养、现场的图片，通过直观照片感受到服务的整体情况。虽然壹元管家的服务体系已经通过定位签到、现场照片等方式实现让客户可及时查看到服务过程进展情况和结果，但这些仍可持续优化，以增强场景即视体验感。同时要在专业培训上培训更多复合型的专业蓝领技术人才，带动专业服务行业的整体水平提升。作为高度精细化运营的平台，要训练出更多具有先进营运理念的营运人员，使平台规模化后不仅可保持极致效率，而且仍可确保服务交付品质可控。可以从长远的竞争力出发，推出国外先进的巡检保养理念，提醒客户进行前置计划性管理，通过定期检修降低故障概率，进而降低成本。

要注意的是，用户共享的软件部分应在不侵犯用户隐私的前提下做到能及时观察。在节点上可以借鉴有福妈妈，将长闭环改成短闭环，提升整个服务环节效率，并且提升用户感知度，进而使产品更富有竞争力。

盈利模式

要基于入口级的服务去拓宽和思考。首先，能否通过新型的设施设备或创新的服务规范降低使用成本。其次，要帮客户做便捷、安全、智能化等层面的更多的升级。最后，要带动用户增强服务体验感，接入更多服务性的需求，对接更多的服务商去解决问题。

举个例子：我在服务你的时候，我还可以顺势卖一套设备给你。我可以把供应链组织在一起，在我有 3000 套公寓的时候，统一采购空调，统一谈价格，我清楚什么样的东西更好，这样我就从一个服务商变成了一个供应链服务商，拓宽了服务性营销的范畴，从而更易进一步拓展盈利空间。

市场竞争角度

现在中国的公寓企业都在进行市场竞争，但在强势推动扩展市场的时候往往管理体系水平来不及配套提升，特别是中小型规模的企业，无法形成集采，导致成本迟迟不能下降。这时候做一个专业服务商的补充机会便介入进来。无论是未来单独成长还是被别人并购，都是非常有价值的。未来需要在合适的时间引进有大量公寓规模的战略投资人：他有很多公寓，投钱进来后愿意做扶持，一起研发更符合服务效率的、能降低成本的、软硬一体化的东西。基于用户需求，双方可共同做定制化研发，形成结构化的壁垒，从而迅速增强自己的竞争力，在细分领域实现垄断。

刘 莎

  辞去了8年稳定的银行工作，投入创业领域，折腾过七八个店后，聚焦自己热爱的葡萄酒事业，开创"骏莎诚品"品牌。基于真诚和信任，带领一群人奔向梦想，成为赣鄱大地新赣商领跑者。品牌名字源于对诚品书店的热爱，源于诚品书店创始人吴清友老先生的一句话："生不由你，死不由你，我们总得在生死之间做点什么！"

骏莎诚品正如你之所见。

——骏莎诚品创始人　刘莎

精英的时代

有个十几岁的小男孩,生活在大都市里。说起来,他家的经济条件还不错,他在一所很好的学校读书。他爸爸很少回家,论缘由,是爸爸忍受不了妈妈的脾气。妈妈以前过多了苦日子,所以妈妈竟然会给冰箱上锁,以防儿子偷吃东西。

这个男孩一点也感觉不到家庭的温暖。

有一次,男孩在街上见到两只流浪猫。那两只猫儿依偎在一起,在寒风里瑟瑟发抖。男孩起了怜悯心,把它们抱回家来偷偷养。可不幸的是,妈妈一下子就发现了秘密——小猫偷喝她杯子里的牛奶!当着男孩的面,妈妈拎起两只小猫,用力地向墙壁上摔过去。猫死了。

这是男孩一辈子也忘却不了的画面,而这个画面也影响了他一生。

这座大都市,是100年前的纽约。男孩就是以提出"需求层次理论"而闻名的心理学家亚伯拉罕·马斯洛。需求层次理论的概念,简而言之,就是人不满足于基本生存需求。

马斯洛认为,人的需求就好像一座逐级攀升的金字塔,有着不同的层次。底层是生理和安全需求,再往上,是爱、尊重和自我实现的需求。当人类满足了底层的需求,进而他就会追逐更高层次的需求。

马斯洛的理论一直富有争议，但我们不得不承认，他对人性有着敏锐的洞察力。人与人的追求是不同的，是有差别的。对有的人来说，就像马斯洛的妈妈，还有什么比物质来得更实在呢？有的人更在乎精神的感受，有的人追求自我实现的价值。

这样的需求差别，不能以人的认知差异来概论。认知水平不是指智商的高低。人的智商和身高一样，呈正态分布，再高也高不到哪里去，可人的成就是呈幂次分布的，是一系列苦练和正反馈积累的结果，差距如同云泥之别。当一个人的成就达到一定程度，就算你将他所有的资源都拿走，他还是能干一番大事，因为他已经积累了大量的智慧与见识。

工薪阶层和精英阶层有怎样的文化差异呢？我发现工薪阶层只相信自己的亲友，而非常不相信外部世界，甚至对陌生人有种自发的敌意。虽然大多数人生活在都市，但是仍然是村民思维。相比之下，精英阶层没有那么强烈的亲缘意识，他们很容易跟陌生人合作，而且非常信任办事规则。

所以，真正的差别是思维模式的差别。如何用精英的眼光和思维方式去理解、玩转和改变世界，最好的方法我认为就是亲自参与，而最快的方法就是读书，以及"勾搭"有识之士。这就是所谓"读万卷书不如行万里路，行万里路不如阅人无数"的道理。

以上那些看似形散的思考，却关乎我的成长历程，关乎我的创业经历，也关乎我为什么有这样的思考——我用了一年的时间，一直不停地思考，除了卖酒以外，我该如何做一件和其他葡萄酒销售公司不一样的事情？

我叫莎姐。职业，你也一定看出来了，卖酒，卖葡萄酒。

公司名字叫作骏莎诚品。

莎姐这个名字，是我在2014年成立骏莎诚品的时候开始用的昵称。我是地地道道的南昌人。说起南昌，你会想到"八一"起义。对，我的城，也叫英雄城。我从出生到读书，再到找到第一份工作，都没踏出过这个城市，对这座英雄城有着浓浓的乡情。

我有一个回忆起来是黑白色的童年，以至于在很长一段时间里，我一直以为，那些久远的记忆都会因时光的流逝褪变成黑白的模样。所以，当所有的人告诉我他们童年记忆的颜色是彩色的，我突然觉得自己是一个有毛病的另类。

小时候，家里穷，只有父亲有工作，他一个月的工资是46元。我们家就靠这份微薄的工资过活。我读小学前，家里还在点煤油灯。在我的记忆里，灯没有色彩，只是划开了漆黑的夜，照亮了白。我家住一楼，阴暗潮湿。最担心的事情是下雨，一下雨，街面上的水就"咕噜咕噜"不停地往外冒。我奶奶就站在房门口，拿着脸盆，一盆一盆地将涌进房间的水往外泼出去。这是我奶奶周而复始的"战斗"。潮湿的居住环境，带给了我很多坏的影响。一直到现在，每逢阴雨天来临的时候，我的关节都会隐隐作痛。

妈妈在我很小的时候就离开了爸爸和我。我的童年回忆里是没有母亲的痕迹的。我只记得，在我读小学以后，她每年会来家里一两天，"偶尔"来看看我。所以，我对"妈妈"这个称谓很无感，我一直以为这只是一个称谓而已，而且这个称谓与我的世界无关。或许是内心深处隐隐的抵触，也或许是我心智的晚慧，我直到二十多岁才明白"妈妈"是一种怎样的亲人。她会为你做饭，为你叠被子，关心你的身体，提醒你不要熬夜……

爸爸在单身了好多年之后，在我成年后找了一个妻子。继母让我懂得了什么是妈妈。她对我和爸爸都特别好。说来也很奇怪，我们俩长得很像，不知道的人都以为我是她的亲闺女。

还是回到我小时候。我两三岁时就在幼儿园全托。从小我就特别乖巧，在幼儿园老师的眼里我很懂事，自己吃饭、叠被子，努力上进做一个好孩子。爸爸对我的管教很严苛，在他的字典里，最重要的就是诚实。我不敢说一句谎话，因为会受到爸爸严厉的惩罚。

爸爸一手把我养大，真的是吃了好多苦。你不能想象，一个男人每天接孩子从幼儿园回家，给孩子做饭，给孩子洗衣，给孩子讲故事，陪孩子做作业……一日复一日，一年复一年，都只有他一个人。我甚至记起，爸爸带着很小的我去男澡堂洗澡。"爸爸"的称谓在我的世界里很伟大，我对他的爱很深很深。在我三十岁之前，我没有离开过他一天。我小时候没有手机这类通信工具，多少个他晚归的深夜，我总是一个人眼巴巴地站在阳台上，看看有没有熟悉的身影从远处走来，一旦看清了爸爸的身影，我就立马躲被子里去假装熟睡。我不想让他知道，我在担心着他啊。

我很小的时候就听得出爸爸的脚步声，他的脚步声就是我的安全感。

我们全家人都很善良、老实，不好出头，宁愿吃亏，宁愿承受。爸爸尤甚。爸爸的基因传给我，他的言传身教也影响着我。所以按理，我这样性格的人其实是不适合做生意的。

可命运无形的手在反转、改变着我的人生。2004年，我像发了精神病一样，也没和爸爸商量，就自作主张地抛掉了银行的铁饭碗。我也没有什么创业的梦想，只是觉出人生的无趣。我不想要什么工作，只是想逃避，每天什么也不想，浑浑噩噩地玩，白天睡觉晚上起床，除了泡吧喝酒还是泡吧喝酒。这样的日子我过了一年，我度过了人生中最迷茫、最空虚的一年。但每次醉醺醺地回到自己的蜗居，那种无边的寂寞和没有目标的空虚感，都会透过我醉醺醺的心底，在黑夜的深处吞噬着我。那种恐惧的压力感，至今都令我心有余悸。

买断银行工龄的钱不到 2 万元，没多久就花完了。我日夜颠倒，说实话，除了逃避自己外，也逃避爸爸。我害怕注视他的目光，害怕他对我失望。因为我知道，当我在阳台上用迷失的目光无目的地看远方，他永远在我身后，无声无息、默默地注视着我。我知道他的关切，但我逃避。有一天夜里，爸爸一直等我回来。桌上垒着一沓钱。那是他辛辛苦苦攒下来的 6 万元。他只是对我说了一句话："你拿着这些钱，去做点什么事情吧。"

2006 年，我开始了自己的第一次创业，和两个好姐妹寻了一个繁华的街区，开了个服装小铺。折腾了半年只赚到了房租和一仓库的尾货。我寻思，自己爱玩又爱喝酒，干脆就把爱好当成事业好了，于是我们转行做酒吧、静吧，在滕王阁的古街小巷里有了我们的小酒吧"老房子"。我们一起经历了榕门路静吧的元年。

一直到今天，这条叫"榕门路"的小街依然是南昌著名的静吧一条街，不同格调的创意特色酒吧串起了南昌丰富的夜生活文化。只不过如同流逝的光阴，不同的品牌来来去去。

"老房子"存在了三年，我赚到了商业生涯的第一桶金，可是三年的酒吧生活，也把我的身体彻底搞垮，我成了一个慢性酒精中毒患者。那个时候，我几乎每周都会醉两次。宿醉后我会躺床上呕一个白天，到晚上又强撑着起来，继续开工。慢慢地，我发现自己的人生是在进行一个毫无意义的循环，每天在酒吧聊的都是八卦之类的没有任何营养的话题。推杯换盏，一晚上称兄道弟，姐妹相惜，可突然有一天，走在阳光里的街头，你望见前晚一起大口喝酒，一起抱头痛哭的姐妹，就从你身边默然地走过，好像从未相识，好像一切故事都不曾发生过。在酒吧唯一的收获：我的搭档是个文艺女青年，她有许多文艺伙伴、知识分子朋友。从那时起，我打心底里喜欢和有文化的人打交道，他们让我看见了一个我不曾看见的心灵世界。酒吧是一个有故事的地方。酒吧也可以接触到形形色色的人。可回想起来，我还是非常遗憾，我没有收获到真正的朋友，也没有真正的爱情，因为那个时候自己也不懂什么是爱。

拖着疲惫的身体，我开始重新考虑我的人生。我知道自己再也不能过这种日夜颠倒的生活了。当时遇见了一对非常认可我的夫妻，他们邀约我去深圳学习。那种学习的氛围彻底感染了我，于是我又做了一年的直销——安利。这一年，虽然没赚到钱，可是收获了许多能力方面的成长，比如语言沟通能力、社交能力、谈判技巧、销售能力等，身体状况也渐渐地恢复了。

有一位我非常敬佩的大哥曾经将李宗盛先生的一句话送给我："人生没有白走的路，每一步都算数。"我也记得一篇散文如此写道："别着急走错路花费了你的时间，这样并不影响你的速度，因为生活，本就与速度无关，与终点无关，而是与路上遇见的风景、陪伴你的人、变化的心情息息相关。"我从不曾后悔人生的每一段选择，就像那浑浑噩噩泡在酒吧的2004年，也是生命给予我的必定的人生历练，让我体验，让我感知，让我顿悟。

这样看过来，人生没有哪条路是白走的。虽然可能走错了路，但是你看到了别人看不到的风景，认识了你一辈子都能交心的知己，闻到了鸟语花香，看见了风和日丽，收获了温暖的回忆和弥足珍贵的经历。人生只有经历过磨难才更能体会幸福的意义。

2004—2009年我陆陆续续开过三个服装店、三个酒吧，做过一年直销，遇见过无数形形色色的人，大大小小经历过许许多多的事情，而所有这些成功或失败的经历，都成为我宝贵的"经验"财富，为我现在所从事的葡萄酒事业做好了积累与铺垫。

2009年，我买了一辆二手的Polo，每天车后备箱里都放着几箱卡斯特葡萄酒。遇到饭局，我就开始推销葡萄酒，就这样开始了我的葡萄酒事业，也真正走向了我人生的一个重要起点。

从一个月赚 2000 元，到一个月赚 20000 元，我只用了半年不到的时间。我很开心，因为我再也不用熬夜了，每天寻思的事情就是组饭局，或者到哪里去蹭饭局。我的公司就坐落于我的 Polo，我的仓库就是我的 Polo，我像极了江西古代的商人——"小生意、大开张"的江右商帮，他们是"一根扁担一把伞，跑到湖南当老板"（沈从文语）。我"行商"在南昌的街头小巷。嗯！这样的云游日子蛮快乐。

后来，客户逐渐多了，小 Polo "仓库"明显库容不够了，我和闺蜜便租下一套公寓，设计了几个酒架子卖酒，我们由"行商"变成了"地商"。再后来，又加入了一位姐妹，我们由公寓搬到了南昌樟树林文化创意园，真正经营起了一个小有规模的酒庄。酒庄有两层，一楼用作产品展示，在二楼设计了一个 KTV 包厢。可我们三个姑娘到底还是太年轻了，没有做生意的经验，我们根本不懂团队、不懂营销、不懂品牌，酒庄熬了不到三年还是倒闭了，但我从来不后悔，因为，我在这里收获了爱情。

樟树林园区内有个全南昌最好的羽毛球馆。我们经常去打羽毛球，从而认识了我的教练。这个把我宠上天的男孩，最终成了我的先生。我是他的初恋。可以说，是在我真诚的"欺骗"下，他坠入了我的情网。情窦初开的他，在他不熟悉的战场展开了凌厉的攻势。就这样，我看见真正幸福的生活开始向我招手。

婚姻是我人生的又一个大的转折点。有时候回想起结婚的历程，觉得是一段不可思议的传奇。我和先生是同一个属相，只不过相差一轮，相差十二岁而已。这个"而已"，如果再进一步说明，是我比先生大十二岁。所有的人都佩服我的勇敢。爸爸当时也不看好我，可他想，这大龄单身的老闺女总单着也不是一个事儿，既然有人要，那还反对干吗。父母从我先生的眼睛里看到，这世界又多了一个十分爱我的人。所以我很感谢父母，这么多年一直很信任我，对我的决定从没有干涉过。

就这样，"小老公"和我建立了一个家。在他身上，我知道了一个人的年龄和成熟、责任心真的没有关系。我认为他是我认识的人里最靠谱的一个，和任何人见面从来都是第一个到，答应过的事情一定会按时完成，甚至结婚七年来我从来没有一分钟会不知道他在哪里。认识我的先生以前，我听到太多的故事，而这些故事无非都是"爱情的骗子""婚姻的傀儡"这样的主题。听得麻木了，我都不相信人世间会有真正的爱情，也认为婚姻一定是爱情的坟墓。可就是我的先生，彻底颠覆了我之前的爱情观和婚姻观，他对我真是百般宠爱，我们七年来从来没有吵过架，倒是我经常发发小姐脾气，而他只有顺从。偶尔，我回过头想想确实是自己很无理，也会主动道歉，然后会问他："老公，你为啥不跟我吵架，明明是我没有道理。"他回答："我才没那么傻呢，回头还不是我主动找你和好。"

我们幸福的婚姻真的建立在真诚、信任、互相理解的基础上。结婚后第二年，2014年我生下了我们爱情的结晶，聪明、好动的宝宝——小可乐。我经常会默默地感恩老天对我的眷顾和厚爱。

老天继续眷顾着我，当我想继续做事业的时候，就会陆陆续续遇到生命里的贵人。和mamacates燕窝的创始人认识以后，在她的指引下我才知道了创业真正的概念。她告诉我如何创立品牌，如何构建品牌价值。2014年5月，我另外一个"孩子"——骏莎诚品诞生了。

"骏""莎"是在我们夫妻的名字里各取了一个字。后面的"诚品"二字来由，是我尊记父亲一直的教诲，一个人要树立好的价值观，要诚实与真诚。当然，我自己也深深地觉得，品牌的树立肯定是从真诚出发，因为只有真诚才是通往成功的唯一道路。取名"诚品"亦是源于对诚品书店的热爱。诚品书店的老板吴清友老先生离开了我们，可是诚品书店仍然每天接待着络绎不绝的顾客。吴先生的一句话对我的触动特别大："生不由你，死不由你，我们总得在生死之间做点什么！"如果人居的现代化只能换来淡漠和冰冷，如果世上没有了真诚和信任，如果客户跟我们的关系只是买卖关系，仅仅建立于冷冰冰的数字之上，那么我们的人格标签上也仅仅只能标识为"生意人"。

幸好，我的身边，这样的"生意人"不多，我的许多朋友都是"情怀人"。他们有创新的意识，他们有伟大而美好的憧憬，他们飞奔在我们的赣鄱大地，他们也骄傲地自诩为"新赣商"。在他们中间，我常常为"新赣商"这个闪亮的名字悸动，我也暗暗地许下决心，我要带领骏莎诚品的每一位员工，为这个有梦想和情怀的"新赣商"群体而服务。

现在的骏莎诚品，坐落在一个花园式的小区内，是一个带花园小院的复式工坊，面积有300多平方米。骏莎诚品走过了四年，一路摸爬滚打，一路不停地试错，从单一的葡萄酒销售，到做"葡萄酒文化的推动者，葡萄酒品牌的践行者"。

2015年，骏莎诚品又加盟了上海一家葡萄酒文化公司，走文化营销之路。最高峰的时候我们一个月做25场葡萄酒沙龙。做着做着我们就成了一家以葡萄酒活动为特色的酒业公司。这样的特色也没错，可错的是，我们并没有深入分析客户群，也没有找准客户的真正需求。活动越做越多，也越做越没方向，吸引过来的大多数是同行，可是同行并不是我们的客户啊。一边眼见着销售业绩日渐下滑，一边还在接听电话："喂，你们家最近又要搞什么活动吗？"我

们全员的全部精力都放在了葡萄酒文化和沙龙活动的打造上,偏偏忽略了产品本身。

发现方向错误后,我立即决定减缓活动频率,改成一个月只做一到两次精品活动。紧接着,我做了产品线的调整,从遍布全球多个国家的 100 多个品种,精减到 30 个品种,并且只主推葡萄牙、意大利两个国家的葡萄酒。再接着,我又从 30 个品种中精选了几款单品做销售爆款。定位及产品线调整之后,销量有了明显的好转,新的准客户也随之越来越多。

想想自己走过的几番创业之路,可以用"懵懵懂懂"四个字来形容。随着时间的流转、阅历的丰富,回望过去,看见的都是无知者无畏、触目惊心的历程。我看见了自己种种的不足：没有在大公司的历练，瞎子摸象式的管理，对待人事管理只会打亲情牌，想着我只要对员工像亲人就可以留住人。公司也没有清晰的方向，也不会给员工架构清晰的职业规划，浑浑噩噩、忙忙碌碌，却不知有为、有梦想的年轻员工需要的不仅仅是薪水，更需要成长的空间与未来。所以骏莎诚品要改变，而公司改变的前提是先要从我自身改变。站在2017年的门槛边，我比任何时候都更清楚学习的重要性。

我遇见了初心会。

初心众创大学打开了我的心智。学习其实就是一个自我审视的过程。在阅读张本伟老师的《单点突破》的过程里，我将理论一一对照自己的创业历程，那些心中解不开的混沌开始变得明晰。"五类标签找用户""非刚需市场的生存之道""低成本快速获客的手段""闭环与快速迭代""看天气、看风向、看风口""人剑合一的团队"……这些接地气的招式与章法，让我洞察了销售的本质。我用《单点突破》去结合公司的实际，分析、诊断、调整、创新。

后面又学习了唐文老师的《轻营销》。这是我近期学到的最实用也最适用于我们小型创业公司的一本营销类书籍。我深刻地认识到用小预算也可以玩转大市场，认识到品类、频次、密度尤其是连接等在营销战略中的重要性。

印象深刻的还有朱百宁老师的《自传播》。这本书告诉我们，产品和企业组织结构应先满足"4项前提"，然后采用"8大战术"为产品和业务植入自传播的基因，坚持"6个始终"让营销推广活动具备自强大的传播能力，最终以低成本的自传播的方法，实现产品业务的增长。

通过在初心会一年的学习，我明白了创业需要初心，更需要坚持初心。创业不要怕难，怕的是不爱学习、不愿主动"勾搭"创业伙伴、不坚定、不坚守。一个成功的创始人，他最大的成功基因就是坚持，从不轻易放弃。

在初心会的一年，我也认识了"挺哥"和汤洁等一群也在创业中的小伙伴们。从每次线上课程的分享到邀请老师过来演讲，以及各类游学，我收获良多。特别是这次众筹出书的经历，更让我感慨万千。2017年9月25日，我拿起了笔，写下一个短短的自序。我没想到在短短一个小时的时间里就募集了10000元的众筹出书计划目标。写自序的时候，我唯一的想法就是总要给自己一点折腾的机会。我自然知道自己的文笔水平，知道自己在文字上的懒——平时也就是偶尔记笔记之类和一些比较短篇的日记。我也明白要自己写10000个字，一定比卖10000瓶酒还难。可是一想到一群支持我、信任我的好友们，我就有了这百倍的勇气。因为有他们，我才有了前进的动力，我必须完成这个非常有意义的任务。

我在这里还特别想唠叨唠叨我们的未来之路——在做"葡萄酒文化的推动者，葡萄酒品牌的践行者"的道路上，骏莎诚品将成为"专注于服务新赣商的服务者"。

为什么有这样的情怀专注做新赣商的服务呢？这还得从赣商的历史说起。

历史上的赣商很有名，他们有一个统一的称谓叫作"江右商帮"（江西古称江右）。江右商帮是我国历史上十大商帮之一，与晋商、徽商鼎足而立，以讲究贾德著称。江右商帮纵横中华工业、金融、盐业、农业商品，以其人数之众、操业之广、实力和渗透力之强称雄中华工商业900多年。江右商帮对当时社会经济产生了巨大影响，1500多座江西会馆和万寿宫遍布全国。

2017年11月，骏莎诚品赞助了全球赣商文化论坛。这次论坛请来了中国财经学者吴晓波老师。在论坛上，吴晓波老师道出了赣商发展的短板：江右商帮的辉煌已成为过去，要正确认识到经济发展的格局与现状，缺乏一些特别知名的品牌和产品，喜欢单打独干。吴晓波老师指出，站在新世纪的门槛边，要以新思维、新思路抱团发展。

听到吴晓波老师的论述，我的心情十分复杂。作为新赣商的一员，作为江西创业大潮中的一分子，我在想，我该怎么走？该继承怎样的创业精神？能不能从自我做起，为新赣商的重新崛起奉献自己的小小力量？浪潮澎湃，也是由涓涓细流汇聚的。只要我们心中拥有共同的愿景，定能孕育出更灿烂的繁花。

我一直想将骏莎诚品的品牌做出差异化，要做得和其他葡萄酒公司不一样。我不断地思考，不断地学习，不断地拜访有思想的前辈，于是一些想法渐渐地在脑海里成形：

第一步，是做差异化。

骏莎诚品的差异化就是服务的差异化。我们深知，服务即是营销，我们要站在江西葡萄酒行业的高度，力争将骏莎诚品的服务标准做成江西葡萄酒行业的服务标准。我们要做到：真正懂产品，为江西的企业在全球专门搜罗一些用于企业招待和送礼的商务用酒，为企业节约采购时间和采购成本；真正懂服务，为江西的企业提供企业的季度乃至年度宴会、年会酒品会服务的全案。我们不仅是酒品的提供者，更是商业活动的服务者与策动者。骏莎诚品立志成为江西葡萄酒行业的标杆，引领江西葡萄酒行业进入精品薄利时代！

第二步，是做整合大平台。

我的创业史，就好像是江西葡萄酒行业的成长史。仔细一想，我从事葡萄酒行业竟然有八年多的时间了。我看见了江西葡萄酒行业从无到繁荣的每一个成长瞬间。也因为这个事业，这么多年我积累了丰富的企业家资源。在这个互融互通的时代，江西葡萄酒行业也确确实实到了需要一个资源整合平台的节点。说实话，做资源整合平台的人确实非常多，那么，如果由我来擎起这面旗帜，我要怎样做才能和他人不一样呢？

我依然想起爸爸说的"诚"字。品牌的树立一定是从真诚出发的，因为只有真诚才是通往成功的唯一道路。这创建资源整合平台的第一步，首先要确认的是我的初心——我是不是真诚地想做这件事？我是不是发愿想做这件事？我是不是可以先不考虑自己的利益，实实在在用自己的能力与行动帮助江西的企业家以及精英？我的能力还不够强大，因此我选择的服务对象是中小微企业，是像我一样在创业发展中的中小型民营企业家、创业伙伴，那么我是否懂得他们，我是否切身体会到他们的痛点？

我真的用心在懂创业的伙伴们。当我回头审视自己走过的路的时候，在脑海里回放我做过的每次葡萄酒沙龙的时候，我突然触摸到了一个让我兴奋的连接点：我发现，葡萄酒沙龙的主要参与者，除了专业的葡萄酒爱好者以外，更多的是想过来拓展人脉、结交新朋友的。沙龙即平台，是资源对接、人脉拓展、品牌传播的最好渠道。

可我们用好沙龙平台了吗？很多伙伴并没有从沙龙里收获资源。他们不好意思开口问对方做哪行，可以共享哪些资源，或者需要对接哪些资源。多数情况下，在沙龙聚了也只是聚了，散了也就散了。我在想，可不可以在中间搭建一个纯粹的商业引荐平台，建立一套完备的流程模式，以缩短互相了解的时间，促成彼此的生意呢？

想到这个方向，我一个晚上都没睡着，非常兴奋。按照这样的思路，我又去请教高人，晚上理思路写方案，对自己后面要做的事情越来越清楚，也越来越肯定。

精英的时代

我是属于执行力还蛮强的人,想好了的事情就要去做。没过几天就由我牵头搭建起了新赣商商业引荐平台。然后,我又总结了一些自己的玩法和这个平台的规则。

我们倡导"助人即助己"的原则,组成一个 100 人的社群,每个行业只选一位企业家代表(而且必须是全职的创始人或者 CEO)。我们通过每月一期的纯粹的商业引荐活动,让大家无私奉献,多带身边的客户和资源给其他会员伙伴们,互相引荐生意。在业务员难请的情况下,这样就形成了 99 位高精尖业务员给某个行业做业务的模式。我们还明确规定了不拿回扣的规则。其实,帮助其他人,多引荐生意,也是在拓展自己的有效人脉,这样其他人也会非常乐意地帮你,从而形成一个非常良性的循环!

前不久迎来了我们的第一次线下新赣商商业引荐交流会,已经加入的前二十位会员也就是二十个各行业的创始人共同参与了这次交流会。平时需要客套好几回甚至需要吃几顿饭才能了解的信息一个晚上就可以直接了解了。每位到会场的伙伴都非常认可这样的形

式，一天时间已经互相对接了好几笔单子。

为了增强彼此的信任，我们还采用交流会议结束后亲自一对一地再去实地考察的模式，进一步深入了解彼此。

都说未来是跨界打劫的时代，谁整合到更多的C端客户，拥有资源，才能拥有稳定客源。

因为跨界与颠覆带来的行业格局大洗牌，所有的行业都将互联网化。只有全部江西精英们——新赣商彼此抱团取暖，团结彼此的力量，互相帮助，重新振兴江右商帮的辉煌之路才能真正开始！这也是历史赋予我们每个新赣商的使命。

挺哥

对于红酒来讲，目前市场上竞争比较泛滥。从打法上来看，最需要找到符合自己竞争的模式和定位。

差异竞争

比如醉鹅娘，打造自媒体，推出《醉鹅红酒日常》等视频爆款系列，自创一套红酒描述体系，用更有效率、更直观的方式来阐述梳理红酒知识系统。通过"网红"的低成本运作形式起到引流的作用，随后通过科普建立用户对平台的信任感，进而提高复购率。醉鹅娘通过内容制造促使很多人包月、包年去买他们的酒类。他们本身并不造酒，只是帮大家选更好的酒，给大家更多的保障。这是基于决策链层的突破，看上去是服务，在竞争层面其实是一种营销。现今酒类的差异竞争会越来越明显。比如从酒的包装整体外形来看，很多人冲着超大瓶装去买，因为这样的包装给人一种大气感和分量感，这便是基于差异化竞争下的打法实例。找到属于自己的"基因"，打造差异化的竞争是开始的第一步。用罗振宇的话来说，对于尚未树立权威概念的领域来说，占领"认知高地"是非常重要的。醉鹅娘显然做到了：对自己定位很准，对目标群体定位也异常明确。

价值突围

北京有个叫"糯言"的品牌是卖糯米酒的。把酒与餐饮结合，把餐厅推出来的时候也带动了整个酒的销售。在消费者点餐的时候为其提供5种不同度数的酒供其品尝，增强体验感。从价值突围层面来讲，结合餐饮让自己的价值呈现，增加渠道可行性，不单单依靠一瓶酒。对于红酒，有很多基于社群的打法。每一个小众的需求都是不同的。基于小众找准定位，设计好价值感、体验感这样一种突围的方向，可能会让整个红酒销售更有机会落地。

颠覆模式

有一种把红酒金融化的打法：你给我一万块钱，是保底的，时间到了一万块钱还给你，有百分之多少的保底收益，比如百分之十，再将你定义成酒庄的合伙人，既有身份又有优惠，从而拉动消费。在渠道突破层面，以前让酒水进入饭店、现场卖酒赚钱，并未想到从中获取有价值的分销终端去探索。把用餐的客人变成消费者，把消费者变成消费商都是值得探索的模式。

比如初心众创大学威海分校的国裕酒业有一款来自葡萄牙的马德拉岛的加强型葡萄酒。由于酿造工艺特殊，此酒可以储存数百年以上，被人们誉为"不死之酒"。著名作家三毛曾游访马德拉岛，写了一篇马德拉岛游记，里面更是赞誉了马德拉酒。以马德拉酒为载体，加上可以代表马德拉岛的一块岩石，以及历史伟人、名人的渲染和某一个年份的报纸等，锁定某一个日期或年份，以马德拉酒"不死之酒"的称谓定义该日期或年份的"永恒"，这样就打造出了一款具有更高价值意义的纪念酒。由此形成一个新的品类，以红酒为载体，卖永恒的纪念意义，也是一个跨品类的创新。

在这一类项目的早期，从一个学习品酒的人变成一个品酒师，带着大家边品酒边卖酒，也未尝不是一种适于刚刚起步的方法。但后期一定要找到属于自己的独特路径，这样才能拉开差距，拥有自己的井冈山，建立根据地，最后找到独树一帜、独一无二的差异化发展之路。

黄一兰

　　一兰,"非遗"文旅创始人,启拍科技联合创始人,新派"非遗"人文礼——和堂品牌创始人,"非遗"设计研究中心发起人。一个漂亮的姑娘,却跟老物件打起了交道,开创"非遗"大师与现代设计师合作的全新模式,将古老的技艺韵味充分融入现代艺术品中。

"非遗"不是遗产,"非遗"是礼物;穿越千年,只为守在你身边。

　　工艺不是艺术,工艺是生活;手中造化,只为留住历史。

　　文化是生活的遗迹,让"非遗"走进生活。

——"非遗"推广人　一兰

让"非遗"走进生活

起初,身边的朋友都认为我在做的事是拯救"非遗",我笑言这个担子实在太重了。我真正想做的并不是拯救"非遗",也不愿意用"遗产"来指代那些传承千年的文化瑰宝。我只想陪着我爱的物件儿,顺便以设计之名,让"非遗"走进生活。

一念成缘为"非遗"发声

在我母亲的老家,有一座老宅子,那是我曾外祖父祖祖辈辈的祖宅。儿时厅堂、天井玩耍时总会留意到门楣、屋椽和窗户上栩栩如生的镂空浮雕,神态逼真。同时也留心到每一副雕件都被铲掉了

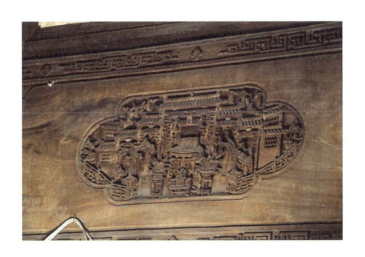

一部分。后来才知道，那是在"文化大革命"时期被除"四旧"了。1949年后，政府把房子分给了十几户老乡居住。我偶尔回到老家，也难见宅子的全貌。近些年又从老人们口中得知，这座老宅子即将拆迁，连同这些年代久远的木雕，连同这沉没息音的技艺。

不舍之余，我不禁想，这些传统技艺除了随时代的硝烟泯灭外，能不能换一种方式陪伴我们？

造物有灵　美在传承

前几年，有机会跟着苏州工艺美院的老师们深入苗寨。一周的时间，我们走遍了凯里、施洞、雷山、三都和西江。那次旅行是多年对"非遗"念念不忘的一次回响。

离开苗寨回苏州的路上，呆看远处的云，好像站在山顶就能腾云驾雾，那云仿佛是一幅苗家织锦铺开在眼前。黔东南如此神奇，人越离越远，它的美和手艺却在心里生根。

美是什么？千人千解。

苗族是一个人走家随的民族，先民随蚩尤居住于黄河中下游地区，"三苗"时代迁移至江汉平原，又因战火逐渐向西南和海外大迁徙。迫于生存，他们习惯了把所有的家产和民族的历史都在服饰上沿袭、承载。等到历史尘埃去尽，升浮起来的是历史的核心，是苗族独有的美。

对于苗家来说：美，就是历史。

在古老苗家，做东西和制造美是同一回事。苗家人在制造一件生活中用得顺手的好物的同时，也赋予了它并无实用功能，但更为神圣的东西——美。一件从女儿出生开始就谋划的重工嫁衣，需要花上好几年的时间把马尾绣、锁针绣、堆线绣等技法糅合爱与祝愿，一针一线地凝结在布料上，使得一件衣物变得厚重无比。

曾经，在同样的生存环境下，能绣出更华美精致的图案是苗家女人的自豪，熟练掌握的种种织艺绣法是她们的勋章。然而，近代工业和外族经济的渗入，给苗族传统工艺带来了无数细小的创伤。人们开始追求利润效益，而失去了与物通心的能力。

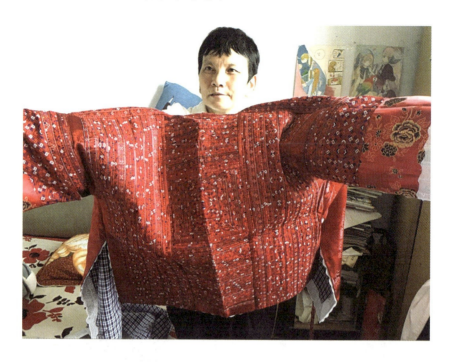

幸好,国家在工艺传承人的培养上已经开始行动,国家级、省级传承人无偿地进行教学,培养年轻一代匠人。

而一些觉醒得早的个人,十几二十年前就开始不断搜集民族手工艺代表作,并自发建立民俗博物馆。印象颇深的有三座博物馆:苗妹非遗博物

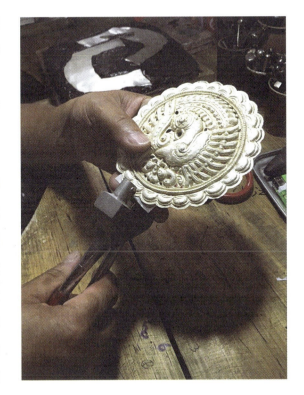

馆、台江芳佤苗族文化博物馆、马尾绣"非遗"国家级传承人宋水仙自筹的水族博物馆。

苗妹非遗博物馆

台江芳佤苗族文化博物馆

让"非遗"走进生活

马尾绣"非遗"国家级传承人宋水仙自筹的水族博物馆

博物馆里陈列的那些比甲骨文还早的水族文字、残存的钱币以及华丽的民族图案和技艺，配着博物馆里幽暗的光，无言地诉说着那些曾在最暗郁的历史底层，努力仰望，不愿熄灭的美的光华。

一个人或一代人都造就不了民族的智慧，那是在无数时代里，由无数匠人手手相传，超越形式、形状、图案，与历史同步的律动。如今的我们无须回到过去，厚重艰难地生活。我们能做的是习得旧日智慧，让旧识在今天发光。

人最大的"任性"就是不顾一切坚持做自己喜欢的事

自古有云：良材虽集京师，工巧则推苏郡。

建造故宫的蒯祥就是苏州人，他代表的是一群打造故宫的能工巧匠。因此也有南工北匠的说法。

有幸生活在苏州，也有幸与好手艺相伴。通常人们只知道苏工好美，只有我们才知道它美得很艰辛。

比如小小缂丝扇，就承载了两种"非遗"技艺：缂丝和团扇。缂丝的织造方法是"通经断纬，小梭根据纹样变换纬向的彩色丝线，成品只露纬丝不露经丝"。汉唐以来缂丝都是宫廷御用材料,但到了明代,朝廷力求节俭,逐渐淡出,直至晚清民国几乎失传,中华人民共和国成立后才被保护起来。团扇在汉代就已经存在,在近代中国却失传,取而代之的是铁框团扇。竹筿工艺在 20 世纪 70 年代才被苏州檀香扇厂(今天的苏州如意扇厂)复兴。全厂一天最多手做 60 把。

苏工"非遗"是中华文明的代表。中国过去历史上创造过非常多前沿的东西,今天只能作为"非遗"存在。它有点像文化的活化石,不再生动地引领着时代前进,渐渐地被人们淡忘。非常可惜。

其实"非遗"完全可以伴随着现代人的生活。

缂丝的茶席美观耐用,苏罗的旗袍凉爽透气,宋锦的手包华丽大气。

混沌大学的创始人李善友教授说他陪伴着这个时代最有梦想的人,那么我的愿望是陪伴这个时代最有情怀的人。但作为一个创业者,逼着我们往前走的,也许不是那前方梦想的微弱光芒,而是后方不断坍塌的路。

情怀太多不如舍弃

我们最初想的是用移动互联网服务传统行业，让艺术品的交易变得更有效率，让大家足不出户就能了解货真价实的"非遗"艺术品，让真正的手艺人不被市场埋没，让艺术品呈现它原有的价值。

可能有太多的人都有和我一样的情怀，所以艺术品电商的风，才刮得厉害。走在大街上，对面迎来一个又一个"情怀"，比"情怀"更多的是一个又一个大师。

移动互联网方兴未艾，各种互联网＋文创、O2O、OMO、S2C、B2C、S2B……新模式把老手艺打扮得像一个花枝招展的小姑娘。

这些年大家都在关注模式，关注风口，消费者真正的需求和痛点反被忽视。用户想要的不是一件工艺精湛的产品，而是一件和自己切身需求相关的工艺精湛的产品。今天，有很多伪模式、伪需求都是为了迎合风口而产生的畸形商业。

2016年我开始认识到，现在我们再谈纯流量的事情没有任何价值，花了大量成本去"砸"的用户，留不住。早年的O2O，短期内聚集流量，吸引风投，但又很快消失。这些风投的败笔在2017年数不胜数。

再如2015年我们开始谈无人机和机器人，2016年我们开始谈AR和VR技术，2017年我们又开始谈人工智能，到了2018年，可能再出现一个新的概念。我们的认知不断被技术颠覆着，每年都有很多新名词不断"轰炸"我们，随之而来的是很多新风口出现又消失。AR、VR和人工智能这些技术的门槛会随着时间的推移被抹平，技术趋同的速度很快，技术壁垒消失得也很快。

有技术壁垒的行业尚且如此风云变幻，更何况当下的艺术品电商，同质化严重，在核心能力上缺少突破性尝试。

大家一股脑儿地建立平台，从电商到内容电商再到社群电商，概念百出。但是消费者愿不愿意买单，对产品是不是满意，才是更重要的。

不久前业内流传的一个故事就体现了这一问题：消费者在无人便利店接受采访。记者描述了无人便利店的技术、黑科技后采访消费者。消费者只问了一句："商品有降价吗？"这种态度实际上也是对新业态发展前景的一种反应。

对零售业来说，技术、市场和消费者是瞬息万变的，不变的是零售商必须一直思考如何让消费者满意，判断并满足消费者的需求。否则，所谓的创新只能是无源之水。

我们的手艺不能说不精湛，购买工具不能说不够便捷，但消费者为什么还是意兴阑珊呢？国家兴建很多文创小镇，大师工作室纷纷入驻，为什么消费者看过一次之后就很少再去了？

零售消费上，产品的重要性大于模式，大于载体。

好的产品和设计能唤起用户对自身的关照，而不是关注某个大师。

"非遗"艺术品的提法，从某种层面上来说，有点奇怪，谁说"非遗"一定要是艺术品？

贵州苗寨的马尾绣，每根丝线都用七根马尾毛编织而成，用于婴儿的背带、妇女的衣着。它实实在在地融入老百姓的生活中，见证着文明的变迁。

而眼下的"非遗"物品，从博物馆中走来，就没有变过，还是冷冰冰地拒人于千里，让见者赞叹，但赞叹完就完了。

我想要的是这样一种"非遗"物品，简单地说：在进行产品设计时结合工艺，从用户的需求和用户的感受出发，以用户为中心设计产品，而不是让用户去适应产品、围观产品，甚至，连欣赏都是不应该的，而是要让用户使用产品。

"非遗"要想真的推广开来，真的转化成文化驱动的生产力，必须从艺术品变成产品。

现在有很多匠人培训班，但让匠人去学设计，去学企业管理，对匠人来说，其实是很痛苦的事情。匠人花了几十年的时间有了顶尖手艺，不可能再用几十年成为设计达人或者优秀企业家。这时，资源撮合就显得尤为重要。

想通了这一点后，我们决定做一件没有人做过的事情，为好手艺寻找好设计，也帮助好设计师用低成本创业。

感恩在路上的遇见

前阵子我刚从西藏回来，藏民转经的虔诚还历历在目。巧遇到一位设计师给我看他设计的一款能旋转的手镯。

当我看到设计师把转经的福报和仪式感都融入这个小小的镯子中，顿时被吸引了。

为了测试设计众筹这个想法是否可行，我们用微信群做了一个快速试错的实验。结果在两个小时的时间内，用一张设计稿众筹了50位天使用户，支持世界上第一款纯银转经手镯。

让"非遗"走进生活

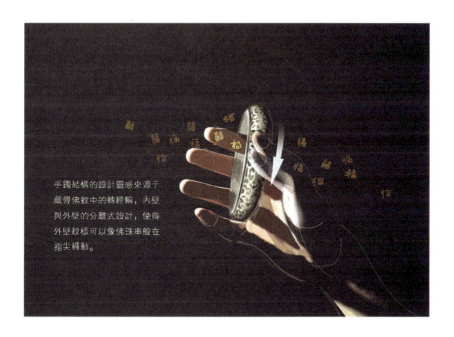

手鐲結構的設計靈感來源于藏傳佛教中的轉經輪，內壁與外壁的分離式設計，使得外壁紋樣可以像佛珠串般在指尖轉動。

蝙蝠的形象是幸福的象徵，「蝠」為「福」的諧音，蝙蝠的飛臨，寓意「進福」，幸福像蝙蝠那樣自天而降，將蝙蝠與雲紋組合在一起，名曰「宏福齊天」。

现在我们正在筹备第二款众筹产品——徽月茶器,为留住心爱的徽州姑娘而设计的一款茶器。好设计一定有它的灵魂,也一定能被人感知。

利他是最好的生意

以前好产品的产生,设计师和匠人都为之承担一定的风险。设计师设计出好产品后,需要打样,批量出货,才能向市场销售。面对高额的打样费和市场可能不认可的风险,很多好设计被扼杀在图纸上。而匠人,往往按照自己的喜好和理解做产品,市场是否接受,全靠运气;做出市场接受度高的产品后,又被迅速抄袭,陷入价格战。

现在我们尝试让设计师只需要提供一张图纸,后面的事情交给我们。从打样、生产到销售,我们深度介入,帮设计师解决产品落地的困难,也帮助手艺人解决产品设计雷同、核心竞争力缺失的困局。

我不想让"非遗"在收藏品、艺术品的神坛上黯然逝去,也不希望它成为人们人情客往的附属物。"非遗",这些原本从生活中来的东西,只有回到生活中,才是最好的安放。长时间的疏远,让我们忘记了如何与它相处。"和"品牌系

列会做一些有匠心但无匠气的"非遗"作品。未来，我想看到"非遗"真实地走进你我的生活中。

在朋友及合作伙伴的关注支持下，在 2017 年 11 月 18 日艺博会上我们发起成立了"非遗"设计研究中心，邀请著名学者李超德先生作为中心顾问导师，邀请画家钮方正先生作为中心艺术指导，邀请苏州工艺美院作为合作机构，同时签约了十二位具有创新意识的"非遗"传承人作为设计生产顾问。一个"小荷才露尖尖角"的想法能开篇起头，要特别感谢对我无条件支持的朋友们：初心会"挺哥"、汤洁、陆洋，中恒华里酒店董事长叶世育，丁非品牌高定女包创始人丁非、袁文新，樊登读书会合伙人盛龙，苏州工艺美院的贵州"非遗"工作站的牵头人罗振春老师。

道阻且长　行则将至

赚钱的事与值钱的事往往是两件事。创业的痛苦很大程度在于此。

在过去一年中，我特别焦虑，额头前面的头发全白了。

稻盛和夫说："认为不行的时候，正是工作的开始"，因此几乎没有"由于气馁而放弃"的先例。

路是探出来的，没有人一出生就知道自己是谁，从哪来，要到哪去。公司和人一样，一路摸索，起码要到三十而立的时候才逐渐有自己有根基的雏形。

过去这一年里，有三个关键词在我心里深深沉淀下来：

第一个关键词是"泛文化"。传统手工艺从单一发展转为多元化联动，向动漫、影视、文学、时尚等整个产业链辐射的同时实现其 IP 价值最大化。现在很多人认为的 IP 就是知识产权，或者就是一个品牌的形象Logo。但实际上，IP的价值远远没有被充分开发，它起码包括一个核心价值观、一种普世元素、一个吸引人的故事，最后才是外在的表现形式。

第二个关键词是"共享"。这是一个共享的时代，近两年众多被媒体追逐的企业都与共享有关。共享经济的方式大大节省了社会资源，用最有效的成本优化着人们的生活方式。

滴滴可以共享汽车，摩拜可以共享单车，就连充电宝也能共享。那么我们为什么不能共享橱柜、共享空间、共享头脑？

在今天，任何一家企业都可以拿闲置资源和别人发生共享关系。

今天我们在尝试的事情，本质上就是一种"共享"。如果你有需要，我们愿意为你设计。如果你有好设计，我们愿意为你发布，帮你落地。我们愿作为一个开放的连接点，让设计师与大师产生碰撞，让想象力和手艺紧密结合。使用是最好的保护，创新是最好的传承。

第三个关键词就是"新零售"。2017年是"新零售"被大讨论的一年。中国百货行业出现了逆转式的高速增长。中国排在前几位的互联网公司都对大型零售超市展开了并购。

为了让大家在一个相对完整的场景下，深入了解和体验"非遗"文化，我在筹备"非遗"入住体验式民宿——和堂。我希望把它打造成在地文化的传播者和体验式"非遗"文化的窗口。在这里，大家的住、用、赏、学、买可以一体化完成。

当你入住在苏州最具古城缩影的著名历史街区平江路，游览过邻近的苏州博物馆、拙政园，抑或一巷之隔的丝绸博物馆、昆曲博物馆，回到房间，细数每一样物件，都能看到"非遗"手工的影子和"非遗"大师的亲工之作。偶有闲暇，还可以入门学一项传统手工艺，或者线上下单购买你在这里用过的心仪物件。"美不自美，因人而彰"，被这样浸染了姑苏人文的游客，对这座城会有不一样的解读吧。

凡心所向　素履所往

最后抛开商业不谈，仅仅从一个"非遗"发烧友的角度，我想借用摄影圈的一句名言表明我的初心："一个摄影师的价值，不是拍了多少美图，而是能在熟悉的地方拍出陌生的视角"，而"一个现代'非遗'产业从业者的价值，不是捕获了多少好手艺，而是能在古老的手艺中发觉新的感动"。

这是个典型的消费升级时代下的增量市场。

今天整个人群的消费理念和消费习惯都慢慢改变了，我们很多时候不是买产品功能，而是买产品背后的信息，包括价值观、文化、情怀。这些都会在这个富裕、物质过剩的时代逐渐呈现出来。当物质贫乏的时候，我们会发现什么东西都基于功能。物质一旦丰富，在物质层面需求被满足的同时，精神层面的需求就容易空虚，相对应精神层面的消费品市场就会很广。

◎ 用户层面

缩窄用户群，把软需转化为刚需。基于IP打造社群电商平台。

"非遗"不是所有人都喜欢，不能泛泛地去推广，而应针对某一类人。这一部分人是比较容易被"非遗"的传统文化打动。基于一些大师，基于一些达人，基于他们的IP打造社群电商平台，把有机会成为他们用户的那部分人变成粉丝，然后把粉丝变成粉群，再把粉群变成社群。这样既可以把现有的用户运营好，把社群升级优化，增强彼此的关联性，又可以带动外围的人更多地参与进来。移动互联之下，基于信任背书，基于各种人格魅力，很容易影响身边有同好的人，进而实现业务转化。

◎ 转化层面

体验经济是通过体验的方式让用户理解产品功能背后基于信息层面的价值。基于某一个品类，比如基于"非遗"产品服务的居家生活，就很有意义。这里存在一个问题，如果你的销售很零散，比如你今天卖一个核雕，明天卖一个"非遗"的苏罗，而喜欢核雕的可能是男人，喜欢苏罗的可能是女人，这样就会比较麻烦。设计某一个场景，基于某一个品类打造某一类人群的需求解决方案，才能够做到把很好的东西像穿珍珠项链一样穿起来，从而实现更好的商业转化。所以，在选品以及组合式创新上还需要下功夫。

◎ 价值突围

我们可以赋能给某一类用户，如民宿，结合"非遗"文化打通文旅一体化。有不少民间手工艺人，其作品含刺绣、木作、唐卡、皮影，不一而足，这些就属于"非遗"文化。"非遗"的工艺直接覆盖在一个民宿里面，有了体验，转化就非常容易，因为基于这个载体，识别度很高、体验感很强，而且空间相对来讲是半封闭的，这个时候就打开了一个"非遗"的消费窗口。同时还要把线下展示不了的东西放到线上，给各个不同场景、不同城市的用户提供更多的选择。这种方式向下降维打击，把"非遗"这种高大上的东西应用在一个日常可见、能用的、在一个民宿里面能体验完，并且随时可能再去买的产品上。所以，要把这种能量通过渠道赋能于渠道，形成一种增量市场，真正实现价值突围。

我们过去做"非遗"产品销售的时候比较被动，就是搞搞活动，各种类型的人都可能来参加。应基于缩窄用户、基于体验经济、基于实现某一个匹配的场景或渠道去塑造一个解决方案，让精准用户一下子能感受到这个产品，并且能够马上被激活。

曹 亮

苏州供应链机械协会（机械荟）创始人/会长，美国供应链管理协会 ISM CHINA 苏州区理事，美国威斯康星协和大学 MBA，苏州西交利物浦大学校外导师，北大纵横后 MBA 苏州班班委，美国 AAFM 金融国际硕士/AAFM 资深管理顾问，苏州顶级社群"十二点联盟"成员。外表风流倜傥，内心谦虚稳重。人生五味都细细体味过，书写着职业经理人不一样的二次创业故事，打造着不一样的"Z"字形人生。

创新是少数人推动的变革！

——机械荟创始人　曹　亮

破译"非黑即白"职业经理人的创业腾飞密码
——职场人生的社群玩家

创新,是少数人推动的变革!这个星球上,从来不缺那些独立思考的人。他们既不墨守成规,又不安于现状,"大世界,思不同",有热情,有个性,愿意在探索和追求的过程中表达自己、超越自己。也许我愿意成为这样的人:用空杯心态思索和学习,追寻职业经理人在职创业腾飞密码的人,想要改变"非黑即白"的职场世界的人!

我叫曹亮,为了在外国企业的职场里徜徉,有个英文名叫Wesley Cao。"卫斯理(Wesley)",也就是我在纯粹痴迷于玄幻推理小说,天天看卫斯理系列小说那时给自己起的一个名字!不过,在和外国人打交道的企业,员工通常都有一个英文名字,否则很难被外国人记住。

我打小在一个相对优越的农村长大,经常陪伴着"少年闰土"们一起下田打猪草,一起赶牛耕地,一起拔除水稻田中的稗草,一起下河捞鱼,一起放鸭子。每次我都是干活的累赘、捣蛋鬼的带头人,起码的农活技术一个也不会干,最多是吆喝着帮大人送点凉开水、递点毛巾等。也就是在这样的过程中,十岁的我就敢带着一群儿童团成员，趁着父母亲不在家，开始"大闹天宫"，用当时还很神秘的煤气，开始制作蛋炒饭。其实到现在为止，我都很怀念那段美好时光，因为正是那时多次的"捣蛋"，培养出了我绝佳的蛋炒饭手艺！

初中开始，我离开了有着浓浓情感的乡下，随着父母到他们工作的城里求学。表面柔弱的我，开始疯狂地痴迷上了俗称"康乐球"的桌球，在那个花色九球的世界里神魂颠倒，每天放学后的第一件事情就是泡在学校对面的桌球馆，看着大人们豪气地一杆进洞，即使晚上回家睡觉满脑子也都是那些滚动的圆球。我把父母给的零花钱全部攒下来"扔"在了这上面，"桌球小王子""亮仔"的名号开始在学校和球馆响起来了。每天"飘在云端"的我，除了学习考试成绩急速下降之外，一直沉醉在幸福的海洋中。在一个漆黑的夜晚，当我兴奋地再次一杆进洞时，突然发现我的崇拜者们没有像以往那样欢呼，空气是那么的苦涩凝滞，灯光下伫立着一个我再熟悉不过的身影。那天晚上，父亲用一根军用皮带狠狠地让我戒掉了这个"康乐球"毒瘾。本来可以横空出世的"丁俊晖"就这样被正统军人父亲扼杀在萌芽状态！

回忆起那时的我，不羁、偏执，但在几次悄悄偷走父亲的烟，和街头朋友们兴奋地品尝时，并没有出现我意识深处的快感，即使在我那些桌球房的崇拜者们面前，我也觉得抽烟不好玩，于是断然决定再也不抽烟了！这个决定一直坚持到现在。这件事情让每天要抽两包烟的父亲非常惊讶：这娃是不是咱家的，居然这点完全没有遗传，也许早年的我也是这样的决绝倔强！

到了大学，远离了父母来苏州求学的我，就像那被挤干了的海绵，到处觉得很好奇，每天早出晚归，是校园各大活动和群体组织的常客，最终加入了学生会，负责整个学校外联部的工作。用现在流行的话来说，挺"牛掰"的。每天扛着学校的名义，去苏城各大音像公司串联，租赁各种录影带，也就是在那个时候，我才有幸把各种好莱坞获奖影片和经典港片统统看了几遍。如何在同样的放映时间比校外的录像厅获得更高的收入，如何吸引更多的人来看录像，是我那时每天需要思考的问题，这也就是我们俗称的"差异化竞争"和"大数据分析"。结果就是，我们用傍晚场+午夜场的频次，加上打折预售票圈人的方式很快让校外的竞争对手不堪重负，经常歇业！

毕业后，在"独立精神"的鼓舞下，我拒绝了父母一手安排的家乡公务员的工作，用一个父母没懂的"卫斯理"的外国名字留在了风起云涌、发展迅速的苏州工业园区，结婚生子，成了芸芸职业经理人中的普通一员！

这样平稳的日子过了一年又一年，10多年的平稳生活没有带来任何的人生轨迹变化。直到2014年，一群同样的企业采购供应链职业经理人，都是获得美国ISM供应链管理协会颁发的供应链管理专家证书的同学，由于相同的兴趣和职业爱好，聚集在了一起，懵懵懂懂之中我们建立了一个社群的早期雏形——苏州供应链机械协

会（简称"机械荟"）。这个聚焦于机械行业细分领域的社群机械荟就这样正式成立了！

在所有人的眼中，职业经理人代表着具有一定职业素质和职业能力，从事企业高层管理的中坚人才。具体而言就是具备良好的品德和职业素养，能够运用所掌握的企业经营管理知识以及所具备的经营管理企业的综合领导能力和丰富的实践经验，为企业提供经营管理服务，并承担企业资产保值增值责任，经营管理业绩突出的职业化的企业中高层经营管理人员。从普遍情况来看，在职业经理人眼中，创业是一件有着一定危险性的冒险运动；创业是一种职业，也许更是一种"病"！而在创业者眼中，职业经理人也就是打工者，普遍被打上不勇敢、不会突破的故步自封者的标签。这样的认知矛盾使得作为职业经理人的我陷入了深深的思考，难道在"非黑即白"的世界里真的没有共存之道吗？

答案是否定的。很显然，从传统信息不对称时代发展到移动互联时代，以及即将到来的人工智能时代，科技的发展颠覆着人们的认知和世界，无数的行业被重新洗牌。机械荟作为一个聚焦于机械行业的采购供应链专业社群，众多的采购和供应链行业的精英群聚的地方，着眼于机械这个细分领域，扎根于华东这个中国制造业极其活跃的市场，希望用移动互联的工具，打造线上+线下的多重深度链接平台，在促进降本增效、供需匹配和产业升级中发挥极其重要的作用。这些目标和梦想激励着我开始探索职业经理人在职二次创业的一种新的途径！

理想很丰满，现实很骨感！就像我的好兄弟王挺说的"I have a dream"，梦想仅仅就是梦想而已。机械荟成立起始，没有任何同行业、同类型的组织看得上、瞧得起！有时候为了搭上顺风车，不得不主动"勾搭"一些强大的组织进行一些配搭和活动协办。在频频遭遇不待见之后，终于明白了：一个人或产品，当它本身不过硬的时候，也就是你自己没有竖立起来成为那个"1"的时候，你的后面加上再多的零也是毫无意义的！当你自身很过硬，所谓的合作方和资源方也就顺势而来了！所以，找到自己的价值原点，找准自己的赛道最重要，而不是成为一只社交花蝴蝶到处开花散粉！

对只有一把锤子的人来说，往往他看到的世界只有一颗钉子！同样的道理，对一个要资源没资源，要资金没资金的初创者来说，要想成为成功者，就一定要更努力、更勤奋、更认真。但用现在比较流行的一句话"选择比努力更重要"来说，找准自己的价值原点，展开差异化分析最重要。从这一点上来讲，创始人也就是社群的带头人，也就是我自己，本身一直在机械制造领域。纵观这个市场上的类似组织：有的组织，其会员遍布全国，会员总数达好几万人；有的组织历史悠久，十周年庆典都是基本配置；还有的更加厉害，背后耸立着巨型上市公司和各类投资基金，每年获得几千万元融资。我们如何拥有一席之地呢？机械，还是机械这个细分市场。围绕自己最熟悉和资源最丰富的领域，在机械采购供应链这个品类里面打造专业化社群，也就有了自己的"赛道"和核心！

社群，在古代叫部落、书院等，现在也许会叫俱乐部、协会等。社群是一群有能量的人的集合，不是数量的整合。人类是社群动物，都想要找到与自己有着相同属性的一群人，所以有句话叫作"志同道合"，还有一句话叫作"道不同不相为谋"。一群人要形成社群，只需要两个条件：共同兴趣和沟通方式。社群的核心就是人，是人与人之间的深度链接。社群的平台则一直不停地夯实和增强链接的深度和强度！

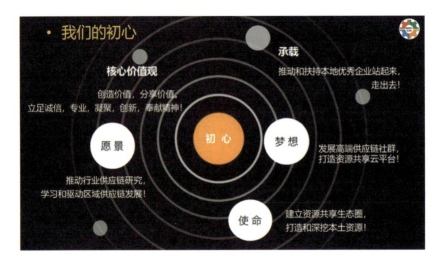

乱打乱撞的机械荟，在发展伊始，很幸运地在选择"质"还是"量"的时候选择了前者，无论是独一无二的收费机制，还是荣誉感十足的推荐加入仪式，都成了一个遴选相同价值观的用户的可贵的门槛。"不是你的用户，千万不要勉强；是你的用户，千方百计要对他好"，这个道理的核心其实还是用户思维、用户驱动。在机械荟成立的早期阶段，我们一群发起人或者说早期的团队，没有太多想法，就是很纯粹地学习、纯粹地交流、纯粹地玩耍！

但一个偶然的机会，或者说一个恰巧的活动开导了我！在2015年的某一次活动中，我带着身边的采购供应链经理人们走入了我工作的企业。这是一家以机械制造为主的全球集团的苏州工厂,公司领导们的接待规格超出了我的想象,集团商业拓展部的 Vincent 先生以及工厂的一个总经理 Koh 先生亲自接待,在整个活动过程中,详细地解释了企业的产品覆盖行业,展示了相应的核心竞争力。应该说这样的活动给前来参加活动的采购供应链的经理人们的印象非常深刻。这个非常有价值的活动坚定了我做采购供应链社群这个专业平台的信心,"创造价值,分享价值"的核心理念也就随之被萃取出来!

价值之一:爱学习,爱分享!书籍是人类进步的阶梯。为了打造一个学习型的社群,为了使用户的职业生涯更好地发展,我们组建了读书会。多读书、好读书、读好书是读书会的核心!每一位用户都会用心读书,读完书还需要进行分享。分享的过程既能帮助那些表达能力和自信心不足的朋友提高演讲水平和口头表达水平,同时也能让更多的人来听听他对于这本书的读书心得。大家相互交流心得收获,甚至会产生很多原创读后感。这样的线上线下链接让喜爱读书、传播正能量的朋友们紧紧地连接在一起!

例如我们读的稻盛和夫先生的《阿米巴经营》等系列书,让大

家感受到了稻盛哲学的"敬天爱人,动机至善,私心了无""以心为本"的经营哲学。从"佛道"到"人道"再到"商道",他的六项精进、七项原则、十项职责、经营十二条等精髓让所有的企业管理者受益匪浅,也直接兴起了稻盛哲学的学习热潮。

价值之二:资源共享!众所周知,"共享单车"标志着共享经济时代的到来。无论这个商业模式是否存在一定的缺陷,毋庸置疑,它都带来了划时代的意义,颠覆了整个滴滴打车时代的"最后一公里"。这种利他共赢模式也是我们所追寻的。

"集合一群人的力量去帮助一个人",社群的力量就是这样的强大!机械荟目前覆盖了华东地区机械制造业的绝大部分中大型企业,涉及各种加工工艺以及一系列配套处理等。每一个用户都可以很好地利用自身的专业知识和相关资源,在平台上去帮助其他人;每一个获益者也都可以去价值反哺平台和其他用户!

同样,需要寻找相关采购供应链专业人才的朋友,在这里可以进行精准匹配和对接。平台对接的相关高端猎头提供大量的机会,在很强的线上线下链接背景下,相对高效地进行精准对接!同时,平台能帮助在职的采购供应链经理人做相应的职业生涯规划，看究竟是"Global Sourcing"适合，还是"SCM Management"更加适合！

价值之三：助飞创业。越来越多的职业经理人投身到了创业的大潮中。有些不成熟的职场人会因为巨大的落差变得无所适从，不知道如何创业，从哪里开始，甚至踩了一个又一个坑，摔了一个又一个跤，最终对自我丧失信心，不知道该往何方去！这时候，平台就是他的一个温暖的港湾，可以从身边的资源到性格特质给他们进行全方位的分析和建议，助力其顺利迈出第一步。

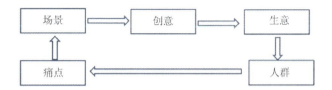

在机械荟众创营的悉心帮助下，会员数量从起始的30个发展到现在的1500个。机械荟始终坚持"高标准，严要求"的宗旨，用线上线下的高频次活动进行深度链接，反复唤醒和增强用户黏性。作为华东地区的一个高端收费社群，我们始终认为，从物资匮乏、计划经济、用户围着产品跑，到温饱问题解决、供开始慢慢大

于求、传统的信息不对称时代、大卖场等主流渠道的盛行，到现在的移动互联时代，人们都学会了智能手机购物，物资极其丰富，再到狂热的天猫开店不赚钱时代的终结，用户选择越来越多样化，最大的转变就是由以产品为中心过渡为以用户为中心。机械荟始终认为，无论是对需方——大中型企业的职业经理人，还是对供方——希望拓展业务和提升公司战略的企业家，作为一个社群平台，我们不能继续被动地灌入信息，而是要通过用户互动，了解用户的痒点和痛点，也就是说，我们从"先服务再用户"过渡到了"先用户再服务"的时代。在这样的移动互联平台上，用户价值能得以最大化，用户也会成为一个中心，既是信息的制造者，也是信息的传播者和接受者。

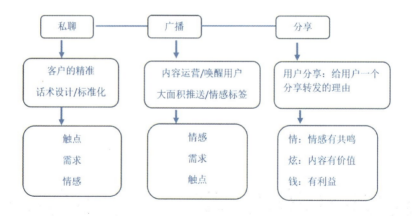

为了打造差异化，我认为应从以下几点着手：

1. 构造客户需求。

2. 拉高活动频次。

3. 反复唤醒用户内心的需求（学习和社交）。

4. 缩窄用户，增强强度（不是你的用户，千万不要勉强）。

在初期积累的时候，要耐得住寂寞，忍得住伤心，因为这个时候的种子用户都是需要时间和耐心慢慢培养的。你对用户好，用户自然会价值反哺！若不是你的用户，千万不要勉强。

在种子用户的积累过程中，从链接到联结，从圈子到共享，以价值观、情感和目标一致性来串联用户，形成用户的自驱动和自裂变，通过线上线下的高强度的认同和传播，一定会产生所谓的际缘关系。一群有着相同的爱好、共同的情怀、近似的理念、一致的价值观而聚集在一起的供需双方，是一个最具价值的平台载体，既可以做供需对接，又可以产生一轮又一轮的信任链接强关系。

尝试运作这个平台非常辛苦，但置身其中的每一位职业经理人可以很轻松地解决工艺的难题、技术的瓶颈、优秀供应来源的寻找，甚至职业生涯的规划和工作的困惑等问题，还可以得到广泛的人脉以及正能量知识；而加入其中的企业可以精准匹配到机械这个品类里的精准需求客户，省去了电话推销等中间环节，直通需求方，同时也能解决企业内部发现和产生的管理问题，以及其他技术和工艺难题等，甚至也可以找到匹配的优秀供应来源。当职业经理人决定自我创业时，平台又会因为之前的积累，给予相应的价值反哺，甚至在他启动的第一步就可以提供他所需的资源。在这个过程中，高度的信任和极强的社群黏性会成为一个倍增器，让所有参与其中的人自然汇聚成一个大的微循环生态圈。

作为一个学习型的社群组织，我们一直有一个梦想，就是把大家在实际操作中的经典案例和心得，也就是我们常说的 Best Practice Sharing，结合书本上的专业知识，加以一定的萃取和沉淀，制作成一本采购供应链管理人士的专业书刊，但梦想一直未能实现。这次在初心会王挺兄弟的指点下，我决定加入《重新定义世界》这本书的创作。游戏规则是需要用社群众筹的方式来实现这本书的启航，结果 20 分钟内众筹金额就达到了好几万元。积蓄的信任能量在此时迅速被释放出来，让坚持走社群众创平台道路的我们信心倍增！

作为一个社群、一个平台的创始人，在运营团队的同时，要不断学习，扩大知识面，增长见识！所以在繁忙的工作生活之余，我还是担任了苏州西交利物浦大学校外导师，给大学生们答疑解惑，同时也可以从他们身上收获很多"90后""00后"的新生代的新奇思想！在拿到美国威斯康星协和大学 EMBA 和 AAFM 金融硕士学位后，我开始参与初心会众创营，潜心学习商业世界的科学和方法论。经过美国硅谷考察之旅，黑科技公司的发展模式和技术创新、模式创新颠覆了我们早先对于创新的原有认知。无论是和樊登读书会、初心会、深度苏州等跨界举办"创业领袖2017千人峰会",还是参与顶级社群联盟"十二点联盟"主办的"相约12点"跨年演讲晚会,在不同的圈层进行跨界融合交错,这样的IP打造都让机械荟这个品牌在更多人之间有了良好的口碑!

2017年10月,国务院办公厅发布《关于积极推进供应链创新与应用的指导意见》,专文重申了供应链的重要意义。这对具有创新、协同、共赢、开发、绿色等特征的供应链发展有着极高的指导意义。推荐供应链发展,加速产业融合,深化社会分工,增强集成创新能力,有利于建立全生态的绿色产业体系,发展新模式和新技术,形成覆盖重点产业的智慧供应链体系,有利于中国成为供应链创新和应用的重要中心。这样的国家战略给供应链创新和发展提供了千载难逢的机会。用专业采购供应链社群的方式是否能创新,打造一个供需B2B平台,将是我们下一步探索的方向!

未来将来,你来不来?机械荟将搭建职业经理人和创业家之间的共建平台,让这个"非黑即白"的游戏妥妥地运行下去!

创造一个未来,我们在这里,等你来!

○ 赛道

首先要找到自己的专属"赛道"。可以类比现在的已有市场,比如基于MRO市场的细分和竞争已经很惨烈,对于机械这个专属品类来说，采购制造供应链遇到的挑战更不一样。除了要更加智能和精益以外，更多的机会是如何加快整个机械制造上下游供应链的整合和资源共享。对于这种整合的智能化、互联网化或者人工智能化，这些方向在未来会有很多的颠覆式机遇。如何提早找到升级和布局的方向，界定好属于自己的"赛道"，找到战略制高点，进而顺势而为去发展，是需要思考的。

基于社群

要打磨属于自己的核心内容和产品。无论是基于共享资源还是基于行业的培训这一个点，都一定要找到属于自己的价值原点、差异化的根据地在哪里。打造属于自己社群的具有独特定位的产品，才能更好地服务和反哺社群成员。没有产品的社群永远不会有高潮，没有差异化的社群永远不会有新的突破。

运营问题

多势能驱动

如何提供更多的不同领域带动彼此互补的达人注入更多活力，吸引更多势能和赋能更多价值体。

高频次链接

如何给予马斯洛需求层次提供多元化、立体化的产品和服务，未来让大家进行更多重链接，成为一个真正意义上的网络化矩阵势能链接。

强价值反哺

如何赋能于社群中的达人、部落领袖，使其更好地带动内容和其他的附加价值，反向反哺机械荟，进行更多自驱动、自传播和自运营，从而让机械荟进入一个自循环，越做越轻松，越做越棒。

施钟山

施钟山,国际英语教师,高级口译师,"相约12点"跨年演讲晚会总策划,TEDx苏州、TEDx陆家嘴大会联合组织者,国际演讲协会中国江苏区总监。2011年创建品牌"博蓝奇®",提供实践培训、演讲培训和翻译服务。2015年创建独立的培训品牌"影说家®",不走寻常路,开创全国首家结合中英文演讲培训与影视制作的培训模式,聚焦沟通能力、思维能力、胆量三个最重要的基本技能训练,以及塑造价值观、人生观、世界观三个最重要的意识体系。客户有阿里巴巴、中国银行、欧洲商会、苏州外国语学校、苏州工业园区外国语学校等企业、组织及个人,累计15000名学员。

每个人的人生都应该是一片蓝海，每个人的梦想都可能是一部传奇。

——博蓝奇®创始人　施钟山

一个教育创业者的实践

开始写这个主题的时候,想到的是自己学习英语的经历,周围的同学、朋友学习英语的经历,以及后来教成人、青少年英语的各种现象。我给自己的总结是:公司是个英语培训公司,但是我们不只培训英语——要想真正学好这门语言,只是把它当作一门工具来学是远远不够的,还要改变方法、理念,甚至需要价值观反思。

在本文中,我将以章节主题的形式展开,尝试从不同的角度来总结我12年的教学和口译经历,以及8年多的教育创业和实战经历,希望能够结交更多认同理念的朋友,从而为成人、青少年的英语教学带来实质性的改变——改变教学,改变教育。

关于英语学习

我做英语培训师和口译师有 12 年左右了,从毕业之后一直做到现在。大家要么叫我施老师,要么叫我 Bryan 老师。这对我而言,是目前最好的选择——做自己擅长和喜欢的事情,并且创立自己的理论体系和模式。回想以前的学习经历,还是有些独到之处。对于一直在学习英语的人而言,我的这些经历也许能提供借鉴和参考。

那时候我们是从初中开始学习英语。老师经常要我们背诵课文或对话,我经常是读了两三遍就能背诵了,所以在英语课上总是很积极的那个,而考试也总能拿到高分。

到了高中,英语难度加大,但自己没有太当回事,觉得和初中英语差不多。然而,高一第一个学期期中之后的那次月考我只考了 82 分(总分 150 分)。这给我的印象特别深,因为我一直以为的优势一下子丧失了。

在接下来的一个月,我就疯狂地学习英语。除了记录非常详细的笔记外，还会做大量的练习，笔头的和口头的——那时候从来不觉得这些是为了应试，只是觉得这些练习可以让我更清楚地明白什么是英语。

英语期末考试成绩出来了，我考了132分（比上次高50分）。班长拿着一张全班的成绩单，看到我的成绩是全班最高分，很惊讶——怎么比上次高那么多?!

自此以后，我的英语成绩一直都非常好，到高三的时候基本上都是班级第一，高考也还是班级第一。不过整个高中，我并没有接受过题海战术，甚至到高三的时候，每天的英语训练我也是经常把卷子放在一边，只看我认为有用的内容和自己的笔记。我只是把英语当作一门沟通的工具来学习，听了大量的文章，在卡片上摘抄了大量的段落和句子，并且随身带着这些卡片，以便随时拿出来朗读。

同学说我是疯狂的，也许是，但我感受到的更多的是因兴趣而学习一门学科的乐趣，以及在这过程中忘我投入的快感。同学总是羡慕我分数可以考得很高，其实我自己没有那么多的考试经验和技巧，顺其自然是最好的解释——回归到学习与教育，享受学习的过程，并且全情投入。

我的大学专业是英语文学，除了阅读英文名著之外，还需要学习语言学、语音学、词汇学、语义学等专业学科。遗憾的是，那时候并没有什么学术研究的意识，更多的只是把它们当作学科，大部分的课程只是应付通过了而已。我所期望的大学教育，是能够激发我更深入地探寻某一门学科奥秘的体系，而不只是照本宣科、没有激情的教学。

到大三之后，接下来一年半的时间，我基本上没有去上课，而是选择自学，要么在图书馆，要么在自习室。也就在这段时间，我看了很多英文原著的理论体系，这让我真正加深了对英语的专业研究，让我看到了英语的文字系统和语音系统各自的基本特点。我也很庆幸，我总是能在一些关键时刻跳出原有的框架，做出一些疯狂的行为。在这个阶段，我把英语作为一门艺术来学习和欣赏。这是我一生的财富，为我后面的工作和进一步的学习研究打下了很好的基础。

关于教育

一项近20年的百人跟踪研究表明，优秀人才的成长过程分四个阶段：

1. 对某项事物表现出强烈兴趣，好奇与玩最重要。
2. 综合启蒙教育和探索式学习，引导至关重要。
3. 针对具体项目选择专业指导，高强度练习。
4. 进行自主性创新，融会贯通和突破。

绝大部分人接受的英语教育缺乏对兴趣的培养，这首先就让学习变得特别困难。之后的学习就变成了为父母、老师而学，所学英语也成了哑巴英语。

应试教育下的孩子，学习上缺乏自主性，没有主动思考的意识。同样是对原理的学习，却被训练成了"为爸妈学，为老师学，为分数学"。

"没办法，现在升学压力大，如果不注重分数，孩子后面都学不好"，这是大部分家长的心态。但是当孩子到大学"自由"了，出问题了，他的潜意识里就会抱怨："既然你们从小到大都帮我托着走过来，为什么到最后突然把我摔下来？"

"自由"是很奢侈的东西，需要很强的驾驭力，不仅需要知识，还需要思考能力、独立性和情绪管理，而这些需要从小就该训练。

家长的一句"孩子还小,长大了就懂了"其实很不负责任,因为任何一个人都没有义务背负孩子的成长,特别是父母。

帮孩子长大不是替孩子淋雨,而是给他送件雨衣。不要给孩子一个"平安盛世"的假象。有些苦需要孩子自己吃——你的慈悲和软弱就是给孩子最厉害的毒药。

"我爸妈不配有我这么优秀的儿子""成绩好不如有钱,钱什么都能解决""说什么都是为我好,分明就是道德绑架"……最近的一篇文章刺痛了家长。很难想象这些是10岁的孩子说出来的话,但又在情理之中。"白眼狼"越来越多,带给家长的是焦虑和失落。有人批评,孩子这样的想法是"精致的利己主义",他们的心智确实比我以往想象的成熟,但本质上,孩子只是在意识到自己不能掌控自己的命运后,采取了认同和保护自我的应激反应——从一开始拒绝各种被安排的、灌输式的培训,到之后被动地接受安排、变得优秀,在缺少来自家庭和老师的尊重、认可与关爱的情况下,采取叛逆甚至敌对的态度。

在家里，孩子也许只看到了父母出去参加饭局、打麻将、追剧，没看到父母的辛苦。他们的推理就是：你不学习偏让我学，你玩还不让我玩，我学的那些你都不会。人与人之间的"鄙视链"不一定只存在于外部，往往在内部会更有伤害性。

"我是为你好"不应再成为为孩子做选择的理由。太多的孩子承担了家长自己想实现的梦想，却失去了学习的兴趣。"道德绑架"不会让自己的付出甚至牺牲合情合理。尊重每个个体，即使他是再弱小的心灵，也应让他发声。

家长都说希望孩子更自信、有自己的想法。现在的教育理念跟以前真的不一样了。越来越多的人学习英语更注重英语的本质价值——作为沟通的工具，而不只是为了拿一个好看的分数。许多"70后""80后"不愿让孩子再走自己的老路，靠被灌输的一大堆知识拿来高分却丧失了创造力、独立性。

孩子不需要父母监督学习,能够一个人应对陌生的人和环境,有经过深入思考形成的个人想法,这是孩子给父母最好的礼物。

发现孩子的天赋,给他充分的土壤,让他走进自己的内心,感知自己的力量,释放极其独特的个性魅力,这才是真正的教育。

我喜欢和做教育的人在一起,因为他们内心有源于自我的帮助他人、关怀他人的热情。

云门舞集执行长(CEO)温慧玟女士对舞蹈作为身体的本能的解释很暖心,我很喜欢他们对选绿色的解释,这和我们影说家的主题色也是绿色很有缘。

云门舞集对2~80岁的个人都有舞蹈的培训,他们认为人的成长过程就像蝌蚪成长为青蛙的过程一样,而青蛙是绿色的,他们希望人能像青蛙一样有跳跃的生命力,很简单,也很动人。他们又很喜欢用拥抱的形式表达友好或者对孩子的爱意。我真心地被打动——我也很喜欢用拥抱的方式来表达我的友好,特别是对孩子们。但是多少有点遗憾,因为和中国大陆的男女朋友拥抱的时候对方会有点尴尬,而和中国台湾的朋友或国外的朋友拥抱的时候大家都很自然、很亲切。

让我很开心的是影说家和云门舞集都有一份对教育真心的热爱、对个人本善真我的坚持。希望云门舞集和影说家的绿色都能给大家带来清新和希望。

关于英语教育

语言不仅传达意思，还有情绪，这才是语言艺术。

从 2015 年 9 月 18 日开始，我创立了"影说家"模式：通过影像的技术手段，帮助青少年在各种虚拟的或者真实的实战场景中，在老师的指导下，客观地分析自

己的各种错误、状态，最终做到"不管在哪里、在什么时候、对什么人，都能够清晰、自信地表达自己的想法"。

"影说家"的内核基础包含了三个方面——思维、胆量、沟通，每个方面都包含两个部分。

思维：从外向内，是对各个领域的知识学习；从内向外，是对各个领域的见解。

胆量：从外向内，是面对各种情况的尝试意愿；从内向外，是对未知进行探索的力量。

沟通：从外向内，是接收到信息时的理解程度；从内向外，是表达自己想法的能力。

这个模式把英语培训和影视制作两个领域结合起来。表面上看发音很好、词汇量不少，却没有自己的想法，说出来没有创造力，那么语言就已经失去了它对人的灵性提炼的帮助。在大众看来，我们是做英语培训，但实际上不只培训英语。我们让孩子们更加自信，帮助他们发展性格，变得更加成熟，成为有国际视野的世界公民。孩子们在一个团队中，从只关心自己的表现，到配合大家一起练，再到所有人等待那个需要突破的成员真正突破，渐渐学会了团结协作。

在镜头面前谁都会紧张，但是这里有专业的指导和及时的反馈，大家是真正把英语当作沟通工具在学习，用英语来交流个人的独特想法。孩子的学习能力被激发出来后，他才发现他的想象力和记忆力是天赋，能创造出独特的故事，并使自己在极短的时间内表达出来。

我喜欢充满自信、好奇的眼神，喜欢率性、投入的学习，喜欢有团队意识的协作，喜欢充满探索、尝试的实战。

关于自我与自信

"对于西方人而言，保持自我各个方面或者在各种情景中的一致性是相当重要的，是保持积极心理状态的前提。"

"文化与自我"
——Markus，Kitajama

为什么西方人在国际交流中显得更自信？为什么他们的十岁孩子看起来都要成熟很多？为什么他们愿意并且敢于表达自己的想法，而且表达得很有逻辑、很有说服力？为什么他们的教育体系比我们更有国际竞争力？因为他们更关注个人自我的发展，更注重独特的价值，更会去激发好奇心、创造力，以及表达欲望。

我们大部分人容易因面对的是父母、老师、老板，或者"西方人""一群陌生人"而变得拘谨、不自信，哪怕自己的想法再好、英语再好，也会变得不够有吸引力，本质上却只是为了"和谐"——人际关系，期待对方在将来自己需要帮助的时候能念在自己是一个"友好的、认同他的"朋友的份上，帮自己一把。可是在西方人看来，如果你都没有好的想法，我为什么要帮你呢？仅仅是因为你是一个 nice guy 吗？所以，表达自己的观点，注重独特的价值，这才是正确的方向。

我们有很多需要反思的地方，我们也看到了越来越多具有个性、充满吸引力的个人和品牌。学了几十年的英语，又做了十多年的培训师和口译师，管理过上百个中外教团队，却一直困顿于"为什么西方人不管在哪里，跟谁在一起，不管对方比自己多优秀，多有影响力，总能那么自信"。尽管我自己能够做到自信、独立，但是我需要更清晰的认识，才能帮到更多的人。

上面这份经过 10 年研究和实验得出的"文化与自我"心理学论述让我茅塞顿开、欣喜若狂。毫不夸张地讲，这个观点让我一下子明白了为什么中国人和西方人有很明显的气质上的差别。以前我描述不出来，现在很清楚。我也明白了为什么在国际范围内，总是欧美的文化、产品、服务给人更有创造力、更有竞争力的感觉——因为他们敢讲自己想要什么，敢做自己想做的，而且会充分执行计划、一步一步走好。

表达自己的需求，其实也就是表达大众的一部分需求，因为总有一部分"自我"是相似的。我们需要打破那种"中国产品都是拷贝别人的产品"的印象，在创新竞赛上不能总是慢别人一拍，更不能把主要的精力放在建立"关系"上。

关于创业

创业这条异常艰难的路，是一条非常孤独的路，至少在开始是这样。但是当足够坚定，并且不断学习，了解商业规律，把产品和服务做得尽善尽美后，就会碰到越来越多的好朋友。这是一群认可你、帮助你的同道中人，并且是不遗余力地向其他人推荐你的人。

在我周围，有很多有才华的人，但是选择了一颗安稳的工作。这原本并没有错，我也有优秀的员工，问题是这些有才华的人还有一颗不安分的心，想做一番大事却总是患得患失。对此我感觉很可惜，他们浪费了才华，浪费了人生。

成人的世界少了孩子纯真的对梦想的渴望和坚持。绝大部分人不敢开创一段原本可以让他的才华充分发挥的事业，因为创业需要他们扛得住冷漠、孤独、批判和危机。

公司创立之初，我只是在客厅教书，背着压力在外面到处奔波。一直坚持到现在，我拥有的不再只是客厅，还有在全国业内都算绝对优秀的专业语言人才资源，还有一个足够大的、承载梦想的舞台，以独特地阐释"社会大学"理念。

梦想的自我很大，但再大也不能改变这个世界多少。既然这样，为什么还不敢大胆地说出来？在银河系里也许你只是闪一下而已，但在这里也许你就是我的太阳。

最亲的人,应该是有温度的,是我们梦想启航的前哨站。一路同行的人,是志同道合的人,真心感谢他们对我的支持和认同。

这几年用精品服务和独特理念与一些组织和平台建立了战略伙伴关系,这是博蓝奇的荣幸,也是博蓝奇的使命。他们对我而言,是天使赞助:赞赏和帮助。商业不仅只讲利益,还应该有理念与情怀。

当我从你的眼里看到理想和光芒,我相信:钱是可以一起赚的,路是可以一起走的。对于团队,我一直期待更多有才华、有梦想的人加入。当我们信仰共同理念、价值观,愿意为同一使命拼搏,拥抱变化和挑战,突破自我,我想我们可以融合智慧,一起创造未来。

如果你不了解我,欢迎随时询问。如果我想了解你,我会充分争取,不放弃任何机会。关于命运,我想我是为破局而生的。

创业以来,我从来没有感受过朝九晚五的工作节奏。早上很早开始工作,晚上吃完晚饭,看到回家的车马行人,我的第二波工作也开始了。大部分人可以回家享受和家人在一起的时光,或者一个人享受放松的傍晚,而作为创业者,我需要工作到很晚。有时候别人问我为什么选择创业,说实话我也说不清楚,可能只有这样做才会让我觉得人生很充实,我宁愿冒险失败,也不愿稳定成功。

有人说创业者在一起是这样的:一群人互相"喂鸡汤",然后一起疯癫。挺真实,因为这群人有时候很孤独、很脆弱,他们也需要鼓励，也需要能够指引他们前行的力量——或许他们更需要，因为他们背后承载的不只是一个人的命运。

时间会增加鱼尾纹，也会帮助人沉淀。十年前的青涩，回顾时，看到的是不变的眼神，依然坚定。"Salute to the memorable youth, to the beautiful life, we are the crazy ones."（向难忘的青春致敬，向美丽的人生致敬，我们是一群疯狂的人。）

我常常想，在公司里，我给自己的定位应该是什么？老板？主管？同事？还是朋友或家人？其实都有，是融合在一起的身份，因为我是创业者，不同时间点就需要有不同的身份。我态度分明，会足够严厉，甚至苛刻，也会用心照顾，甚至疼爱。

我是一个完美主义者，这曾经是一个很难承认的事实，因为别人会认为我很烦，总是不满足于现状，骚扰他们的舒适，但现在看来，这点值得自豪——努力做到极致才会有卓越伟大的成功。有一点可以肯定，就是我知道该怎么做事：在做决定的时候必须坚定我的选择，哪怕情况还不够明朗，因为这个选择意味着公司的方向，

意味着团队精力投入的方向，必须明确。也许这个方向会错，但犯错的责任我来承担，他们的天我顶着。

有一帮人不管怎么样都愿意和我一起闯，这才是最大的财富和幸运。创业以来，我学到的最多的就是把创业的艰难变成创业的机遇，从自我怀疑和犹豫变得自信和拥有信仰。公司有过濒临倒下的时候，但我坚持下来了。以后一定还会有困难的时候，但是现在的我比任何时候都确定：我一

定能带着所有人坚持下去，走过黎明的黑暗，登顶欣赏壮美的日出。

我经常跟我的团队说："你们不用担心工资，肯定会按时发；我希望你们专注做事、创新进取。"这是一份责任，更是一份用心的承诺。我想作为创业者，一定要把这样的韧劲和信誉变成企业文化基因的一部分，让企业同样经得起洗礼。

我看到朋友创业失败后放弃，也看到大部分人想创业但最终没有开始。现在想想，可能正是因为创业的困难，才需要有一帮人足够坚定，足够坚持，足够坚信，最终成为真正的开创者，带领其他人创造辉煌。老板不仅仅是给员工发工资的人，更应该是一个领袖型人物，能够体现一种精神存在，让团队里的人感受到这个公司除了有生命的气息之外，还有生命的力量，让他们能够承受彷徨、疲倦、孤独、失落，产生最为宝贵的、使自己受益终生的信念：人生可以很精彩，它往往在黑暗里等待。只有敢于走进黑暗去探索、经历种种未知与挑战，才能最终迎接旭日，酣畅沐浴。

对于创业者，痛苦的是孤独与无助，特别的是独行与自强。我经常告诉自己："创业艰难，唯一能支撑我渡过重重艰难和挑战的，只有信念；而一路走来选择伴随我、支持我的人，是我亲密的伙伴、朋友，他们值得我的相随与守护。"

我喜欢这句话：创业者必须有永远乐观及强大的抗压能力，有永不放弃的决心和向死而生的魄力。

关于未来

现在国内的英语教育主体还停留在工具的培训层面，没有到语言的教育高度。大部分人的英语在毕业之后逐渐成为"以前会，现

重新定义世界
——中小企业转型升级创业实操书

在基本忘了,更别提和别人交流想法"的过期货。让学生在摄影棚里练习,是一种创新,甚至是新物种。但大部分人觉得没有价值,看不到"影说家"模式对一个人的思想、胆量、沟通能力的综合训练,这是一件遗憾的事情。

诚然,新物种在当代总是会显得突兀,甚至疯狂。许多人要么为了维护既得利益而贬低这种疯狂,要么因为看不懂但又不想显得无知,所以嗤之以鼻。

"我们必须要相信那些不可能的事情。跟30年后的我们相比,现在的我们就是一无所知。"凯文·凯利关于未来的"必然"有这样一段论述。作为一个预言大神级人物,他对新物种不是没感觉,而是充满激情和兴奋。20年前他的预言在现在一一实现,我们有理由相信他关于未来30年的一些预见,无论是关于共享经济,还是关于人工智能。

微软研究院的人工智能在语言应用领域的研发和探索处于全球

领先。他们的项目和成员让我看到了一个充满想象的未来：绝大部分人的工作被替代，语言学习和认知、沟通变得更加高效、轻松。那么留下来的工作需要什么样的人来完成？变革，带给我的一向是兴奋，而不是恐惧。

我曾在新加坡国立大学苏州研究院讲关于创业的故事。当学生们被问到"你的梦想是什么"的时候，大部分的回答是："I'm not sure。"当学生们被问到"你认为自己最擅长什么"的时候，有个答案让我印象很深刻——"visualization"，我感觉到了创新和创业的种子正在萌发。

看到这所优秀大学的年轻学生，我感受到他们对学习新知识的渴望。项目负责人、曾经在教育部工作的林主任说："新加坡用一流的教育培养出了专业的医生、教师、金融人才，但我们还需要富有创新、敢于冒险的创业人才，为我们国家带来多元化发展的机遇。"

故事是最好的影响方式，不是一帆风顺的风平浪静，而是充满波折的胜败交替，充满戏剧性和梦想气质。

重新定义世界
——中小企业转型升级创业实操书

关于命运

在很多人眼里我也许就是个疯子，总是能够充满激情地讲我所相信的未来可以是什么样子。而我所真心体会到的，就是当我意识到我的人生价值就是创造新的事物、改变曾经的固化模式的时候，意识到创业热情已经是融入我血液的生存养料的时候，意识到企业家精神已经成为我的人生信仰的时候，我的命运从此变得与众不同，因为它给我带来了源源不断的能量和创业热情。

在创业过程中，我经历了上百次拒绝、冷漠、否定，要么是因为我提供的并不是他想要的，要么是因为他认为我的实力还不够资格。而我所做的，就是坚强地承受，独自舔舐伤口，不断完善、不断尝试，以坚毅、自信的眼神和声音，逻辑清晰的精炼表达和大方得体的专业呈现，向对方证明：这个解决方案是最适合你的。虽然将来也许还会有成百上千次的否定和拒绝，但我已经能坦然面对。

回顾自己的创业历程，失败多于成功，压抑多于释放，但是留在记忆里的，更多的是一个个项目成功后的那份有人共享的狂喜，那是一份夹杂着泪水的"看到你开心我就开心"的忠诚，一份释怀大笑的"你的完美主义整死我了"的进取。

真正的创业者，可以在千万次的失败里看到涅槃重生的火种，把星火的闪烁当作希望的火把，照亮前行的道路。在我所看到的未来里，有一片崭新开拓的蓝海，而我希望我是引领行业变革的传奇（Blue-Ocean-Legend）。

我相信真正颠覆性的成功需要战略与细节并重，需要严谨的理论架构与务实的实战演练相结合。想象将来的我会怎么描述自己，我想可以是：曾经在雨中桥下因太疲惫而睡着的这个人，经历过无数次的创想和践行，也有过无数次的失败和否定，但在风险与挑战面前他从来没有倒下，仍然以承载信仰的热情和独特的视角，努力创造一个可以对话世界的未来，成就了一段坐闲庭看风云的无悔人生。

关于信仰

我的公司名称是"博蓝奇"，它一方面是英文的英译词，同时本身也代表一定的含义：每个人的人生都应该是一片蓝海，而每个人的梦想都可以是一部传奇。它的英文 Blocgend 来自三个单词：Blue、Ocean、Legend（蓝海传奇）。"博"是英文首写字母 B 的英译，而整体"Blocgend"和"博蓝奇"在读音上正好也相近。

以前有人问我："你为什么要跟别人不一样？"我的回答是："你为什么要跟别人一样？一辈子就一次，我不相信有下辈子，为什么要活得和别人一样？"

也有人说："你别做梦了，那是不可能的。"而实际上这是他们在为自己的不作为找借口。自己没做到、没实现，就认为别人也实现不了，不应该有梦想，甚至如果别人真实现了，他们的心理还会失衡，觉得纯粹靠运气。

梦想，本来就是超现实；传奇，从来都是跌宕起伏。"博蓝奇"就是我的信仰，它让我相信自己的人生值得与众不同，相信自己的梦想值得我为之奋斗。每当我疲惫或失意的时候，我会想起它，它让我重新充满能量，站起来继续奋斗前行。每当我有一点成功的时候，我会想起它，它让我想到曾经的艰难，平复心情，继续下一段征程。每当我想到过去或未来的时候，我会想起它，它让我无惧死亡，感谢母亲给我带来生命。

关于精神

有一段话，当我读到它的时候，我全身打了寒战，那是一种被清楚的描述打动内心的感觉，是激起强烈共鸣的感觉。它给我带来了强大的精神力量。我把它摘抄在这里，作为结语，与志同道合者共鸣：

Entrepreneur's Credo　企业家宣言

By Thomas Paine, 1776, Common Sense（托马斯佩恩，1776 年，《常识》）

I do not choose to be a common person.（我不要选择做一个普通人。）

It is my right to be uncommon … if I can.（如果我可以，我有权成为杰出的人。）

I seek opportunity … not security.（我寻求机会，不寻求安稳。）

I do not wish to be a kept citizen, humbled and dulled by having the state look after me.（我不想成为一位有保障的国民，孱弱而沉闷的安享着国家的照顾。）

I want to take the calculated risk, to dream and to build, to fail and to succeed.（我要做有意义的冒险，我要梦想，我要创造，我要失败，我也要成功。）

I refuse to barter incentive for a dole.（我渴望奖励，拒绝施舍。）

I prefer the challenges of life to the guaranteed existence; the thrill of fulfillment to the stale calm of Utopia. （我宁要充满挑战的人生，也不要万无一失的"活着"；宁要心满意足的颤抖，也不要萎靡虚空的平静。）

I will not trade my freedom for beneficence, nor my dignity for a handout. （我不会拿我的自由换取恩惠，也不会拿我的崇高换取救济。）

I will never cower before any master, nor bend to any threat. （我绝不在任何权威面前发抖，也绝不为任何恐吓所屈服。）

It is my heritage to stand erect, proud, and unafraid; to think and act for myself; to enjoy the benefit of my creations. （我的天性是挺胸直立，骄傲，且无所畏惧；我要自由的思考和行动；我要纵情于我的创造的价值。）

And to face the world boldly and say："This, with God's help, I have done." （我要光荣地面对着世界说："在上帝的帮助下，我做到了。"）

项目点评
挺哥

◉ 跨品类突破

英语培训这个行业，从新东方开始都是基于刚需。比如初始雅思、K12 的应试教育，更多的是基于单词的记忆力，或者基于英语作文的学习升级，都可归类为基于应试教育的刚需满足。在如今素质教育时代，传统的英语教育理念不再行得通，要求英语教育无论在课程内容还是产品品类上都应有所突破。因此，基于英语学习，在个人素养提升和表达水平提升层面可能会更具一定的竞争机会。比如英语演讲，可以在这个时代变成更有意义的跨品类学习方式。对于跨品类的思考，基于如今消费升级需求，如何找到新的突破口，找到增量市场，是创始人要迫切思考的话题。

社群化运营

英语学习是很注重氛围塑造的。要想基于兴趣和部落完成更多的英语学习者的深度交融、彼此激励，可能在形式上应更加具有社群化特征。英语学习的达人、领袖，如何能够生动地带动和帮助更多的后劲者？基于这个问题，教学在注重课程内容的同时，伴随教学模式的改革革新，是一个非常关键的部分。社群化的运营将赋予这个行业更多的价值性。

模式

英语培训纯粹从教育模式上赚钱，从盈利模式上来讲不是最好的，更多的时候应基于一个入口建立良好的信任背书。所以，以培训作为入口，带动更多的产品和服务实现变现是必然的趋势。相信在未来，基于英语学习和个人成长，会出现越来越多的跨国际服务以及共享经济的尝试。

总而言之，博蓝奇的"影说家"模式真正探索出了一套属于自己的系统，能够赋能于学习者以及机构，产生更细分的服务价值，从而更具备竞争力和延展性。

芮彩琴

曾是一名三甲医院的医生，有一份体面工作和一个小康家庭，读书、品茗、逛街、烹饪——小资情调满满，一不小心却选择创业了，还做了一个改变孩子一生的事业。

分心儿童专注力教育：每一个分心儿童都是刹车偶尔失灵的跑车，都是有待发掘的小天才！

——芮老师专注力创始人　芮彩琴

拥有专注力，纵然山高水长，也能披荆斩棘

初 心

曾经的我，是一名三甲医院的医生，有一份体面舒适的工作，有一个肯定能算得上小康的家庭。最陶醉的生活方式是读书、品茗、逛街、烹饪——满满的小资情调。一不小心却选择创业了，初衷竟还不是为了赚钱……

我在妇幼医院儿保科工作时，专业从事儿童注意障碍的治疗与训练。"注意障碍"对大家来说是一个既陌生又熟悉的现象。说它陌生，是由于你可能没听说过这个专业术语；说它熟悉，它可能就是你身边的事……

说两个例子给诸位听听吧。

某孩子智力一点也不差，除了在学校正常上课之外，家里又安排了补习班、名师班，可成绩就是上不去。极度焦虑的母亲找到我，含着泪对我说："芮医生，这到底怎么了？我已经心力交瘁……"了解情况并做测试后我告诉她：你孩子的问题出在专注力上。专注力是什么呢？借用一位国外教育大师的话说："注意就是那扇门，一切进入心灵的东西都必须通过这扇门。"学习就是外部

重新定义世界
—— 中小企业转型升级创业实操书

信息输入人的大脑，可孩子的门关着，信息怎么进得去呢？

有个中学的校长请一位考上北大的毕业生为在校学生介绍学习经验。校长问他："你打算讲什么内容？"他说："我就讲上课要认真听讲。"校长诧异地说："这算什么经验？"他说："您观察一下，在您的课堂上，有多少同学能全神贯注听讲10分钟？有多少人能全神贯注听讲20分钟？一节课40分钟都能全神贯注的学生一定是个位数，这样的同学，想学习成绩不好都不可能。那些只听了10分钟的同学，要是成绩也能好，他们就是神仙了。"

道理并不复杂，问题也很明确。从来没有见到一个分心的孩子能取得良好的学习成绩，从来没有见过一个学习成绩优异的孩子不是在高度专注的状态下学习的。

你肯定还见过这样的孩子：站没站相，坐没坐相，动作不停，行为疯狂，在班上打架，在小区里也惹事；苦口婆心的思想教育没用，施以棍棒也无济于事。听说过学校里的一个奇葩景观吗？家长和孩子一起上课，一起放学。为什么呢？原来这个孩子不仅自己不好好学习，还严重影响其他同学。其他同学的家长可不干了，强烈

要求学校把这孩子赶走。这当然不可能，因为违反义务教育法。怎么办呢？学校只得让这个孩子的家长伴读。

这个孩子的问题到底出在哪里呢？有人说，这孩子脾气不好。有人说，这孩子

思想有问题，故意调皮捣蛋。有人说，这就是天生的坏孩子。

都不对！

现代科学研究已得出明确结论，那些多动、冲动的孩子患有一种以多动症为核心行为表现的典型的注意障碍。

这就是我的工作对象，这就是我的工作内容。虽然说不上悬壶济世、救人于生死之间，但每一次看到父母带着孩子前来救助时焦急的目光，每一次看到孩子摆脱注意障碍，正常学习生活后父母喜悦的神色，我都久久不能忘怀……

生活中，这样的孩子太多太多。每当我成功帮助一个孩子后感到喜悦与幸福之时，冥冥中似乎有个声音对我说："天底下有多少这样的孩子？你才帮助了几个人？"

我明白，我的潜意识中涌动着一个念头：走出去，干一番事业，帮助更多的人。只是因舒适生活的诱惑和传统观念的束缚，我一直迈不出这一步。

直到2014年的深秋，一个契机来临了。

那是一个秋高气爽的日子，闺蜜约我去一座江南名刹与大和尚品茗聊天。席间有好几位重量级人物，我和大和尚也是初次见面，所以，我的话不多，只是静静地做一个聆听者。突然，大和尚看着我，目光如炬，说："你有爱心，你应该去帮助更多的人。"他未做任何解释，又与别人聊天了。

大和尚的一句话给了我极大的震撼，机缘已到，是该走出去了！

与令人羡慕的事业单位身份告别，与舒适悠闲的生活方式决绝，我走上了一条创业之路，一条注定不平坦的道路。我要让更多的孩子摆脱注意障碍与分心现象的困扰，让更多的家庭享受成功教育的硕果。

既为初心，何不践行？

项 目

"在商言商",接下来,还是谈谈我的行业和我的企业吧。

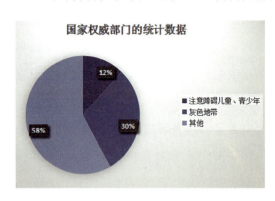

我的创业项目是一个非常细分的领域,它属于健康产业中的健康咨询类,属于健康咨询中的心理咨询类,属于心理咨询中的一个分支——注意力咨询。别看它是一个高度细分的项目,潜在客户可不是一个小数字。据国家权威部门的统计数据,注意障碍儿童、青少年的数量约占儿童、青少年总人口的12%,另有约30%的孩子处于"灰色地带"。全国中小学生约有两亿人,具有这类问题的孩子有多少人,一算便知。

这是一个刚需市场。我们每个人应该都看过那种一刻不得安宁,时时出现破坏行为的"熊孩子",都看过智力一点不差,教育条件也很好,更没少补课,可成绩总是上不去的中小学生。他们的问题都是出在注意力上。若不经矫治与训练,现状就没法改变。

这是一个相对空白的市场。社会在这方面有很大的需求,但专业介入者还为数不多。目前一些大城市的妇幼医院儿保科会做些这方面的业务,社会专门机构很少也很小,而且它们的技术手段普遍单一,效果不理想。

这是一个还在不断增长的市场。儿童、青少年注意障碍缺陷的发生率不是日趋下降，而是与日俱增。三大罪魁是：剖宫产、垃圾食品和过度使用电子产品。

这是一个与未来社会要求相契合的市场。当人工智能真正走进我们的生活之后，个人所拥有的那点知识，在机器人面前会显得可笑。只有具备能力，才能在这个世界上生存。而注意能力既是能力家族中重要的一员，又是形成其他能力的基础条件。

结论：这是一个既助人又赚钱的行业！这是一个至今"养在深闺无人识"的朝阳产业！

哇！我好像一不小心踏入了一座金矿。闺蜜们嘲笑我说："你的初心不是助人吗？怎么又想到赚钱了？"我说："不想赚钱、不能赚钱的企业是耍流氓。再说，没有资金，我拿什么去扩大规模，帮助更多的人？"

这几年，不断地有投资人找我交流。他们在确认市场前景后，总会单刀直入地问我一个问题："你有核心技术吗？这个行业有门槛吗？如果有，这个门槛高不高？"

其实，我敢于创业，最大的底气就是拥有核心技术，有自己一套独特而有效的问题解决方案。

儿童注意障碍目前有地方矫治吗？有！脑科医院有，综合医院精神科有，妇幼医院儿保科也有。

大部分医院对于儿童注意障碍的矫治方法都很简单，开点药就算完成任务了。可是，若干个病例告诉我：药物疗法虽然有效，效果也来得比较快，但它只能改善症状，不能彻底根治，副作用也很明显。并且让孩子长期服药，进入病人角色，对他们的整个心理状态会有负面影响。这种负面影响到底有多大，持续时间会多久，没人能说得清楚。当然，对症状典型而严重的孩子，用药是必需的，至少一段时间之内是必需的。但对症状不那么典型、不那么严重的孩子，是用药还是不用药呢？这让我时时陷于纠结之中。还有更多的孩子处于注意障碍的"灰色地带"，他们算不上有注意障碍，但分心行为也在影响着他们的学习与生活。他们肯定不能用药物矫治，那对他们就不管不顾吗？这个困惑萦绕在我的心头，挥之不去。思考的结果是：对于注意障碍与分心儿童，用药不能成为首选，不能成为常态，更不适用于大部分儿童。

在医院工作期间，我对所从事的事业有一种近乎痴迷的挚爱。十多年的时间，我沉醉于儿童注意障碍与分心现象治疗和训练的探索之中。

有资料显示：认知疗法对儿童注意障碍的矫治有帮助。这是一种心理疗法。注意障碍可视为一种心理现象，心理疗法对其有辅助治疗作用。我的专业是医学背景，对心理学知之不多。为此，我认真学习了心理学，经过几年的努力，不仅基本掌握了心理学基本知识与原理，也有了一堆心理学领域的头衔——国家心理督导师、国家二级心理咨询师等。进入心理学领域之后，我感到认知疗法对注意障碍与分心现象虽有一定疗效，但并没有直接效果，倒是另外一些心理疗法，如催眠术、意向对话、舞动疗法对注意障碍的矫治颇有助益。本着兼收并蓄的精神，我也对这些疗法一一做了尝试。

儿童注意障碍从本质上讲还是一种生理现象，是神经系统机能上的缺陷，不从生理角度进行干预就不可能达到根本性的改观。有没有一种方式，既没有药物疗法的副作用，也能实现神经系统机能的修复？我苦苦地追寻着……

	生物反馈	药物治疗
远期疗效	能**根本治愈**，不易复发	差，停药易复发
近期疗效	显效较慢	快速控制症状
副作用	**无**	药物常见副作用、自卑心理
依从性	易坚持、积极配合治疗	差，经常漏服

北京友谊医院的一位专家向我推荐了脑电生物反馈技术。这项技术最早是美国阿波罗登月计划中训练宇航员的专注力、记忆力所用，后来逐渐转移到民用领域，对修复大脑神经系统机能，尤其是在矫治儿童注意障碍方面有很好的疗效。这是一种纯物理的绿色疗法，没有任何副作用。它兼具治疗与开发功能。得到这个信息，我欣喜若狂。从此，我迷上了脑电生物反馈技术，这项技术一直伴随着我的职业生涯。一晃十多年，我也算得上是国内利用脑电生物反馈技术矫治儿童注意障碍与分心现象的一线专家了。设备生产厂家——加拿大伟思公司，也常常派人来找我征询意见，共谋拓展改进新思路。

十多年的探索，十多年的实践，十多年的追寻，十多年的磨合，"梅花香自苦寒来"，我终于摸索出一套独特而有效，绿色而无副作用的儿童、青少年注意障碍与分心现象矫治方案。我把它命名为三位一体儿童、青少年注意障碍与分心现象矫治方案。

具体内容是：

以科学测试为基础，视儿童具体情况制订方案，利用脑电生物反馈技术修复其神经系统机能；利用多项心理技术调节其心理状态与心理能力；推荐多种辅助训练的学理技术，增强学习能力，提高学习成绩：生理、心理、学理三位一体，达到矫治注意障碍与分心现象、开发潜能、改善行为、提高成绩之目的。

我就是凭借着这一核心技术闯荡江湖的。要说这核心技术高不可攀，那是忽悠人的；要说这核心技术谁学三个月就能娴熟掌握，那更不靠谱。

也有投资人问我："你当初为什么选择这个项目？"我无言以对。我真不是有意选择的，是撞上的。非得要我回答这个问题，只能说是天意。

再来说说我的企业状况。

其实，我在正式创业前已有了自己的工作室。创业以来，工作室已发展到5家（常州、苏州、扬州、南通、常熟）。如今这5家工作室全部归于常州润杰教育科技有限责任公司旗下。其中常州、苏州旗舰店处于闹市，营业面积达500多平方米。

工作室内，加拿大原装脑电生物反馈仪，专业心理咨询室、训练房一应俱全，营业运营质态良好，客户稳定。工作室与几十

拥有专注力,纵然山高水长,也能披荆斩棘

所学校有着多层面、多形式、深层次的合作。事实上,这几年的主要追求目标不是立刻实现利润最大化,而是磨合模式——技术模式、管

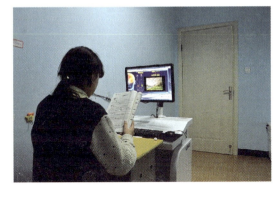

理模式、营销模式,因为我的目标是走向全国,而不是借此几家店养家糊口。

创业两年多来,除了维持几个工作室的正常运营外,还做了这么几件事。

建设员工团队

队伍建设太重要了!况且我们的业务对员工的素质要求比较

高：要懂科学，还要会沟通。说实在的，到我们这里来的孩子个个都不是"省油的灯"，要搞定他们很不容易，要他们配合难度就更大了。我们的要求是：用半个月的时间让孩子喜欢到我们这里，爱到我们这里。为此，在员工的选择上我颇为苛刻。我们的员工团队大多数具有心理、教育专业硕士生的学术背景，更不可或缺的是爱心、恒心和耐心。

建设专家团队

虽然我们已拥有核心技术，但技术永远处于进步状态。吃老本的时代早已过去了，只有不断地创新，才有活力，才不会害怕随时都可能出现的追随者。在这一点上，我有清醒的认识，从来不敢故步自封，一直致力于专家团队的维持与建设。好像我的人缘不错。

目前，中科院心理所、北京师范大学、北京友谊医院等机构的一大批著名专家学者实质性介入本公司业务。公司与扬州大学、南通大学、江苏理工学院心理专业建立了战略合作关系，共建人力资源基地与教学科研实验基地，与欧洲生物反馈协会也建立起业务联系。我常常对员工说，除了技术外，我们跟别人比没什么优势。"靠技术生存，靠技术进步"应当永远被奉为圭臬。

申报专利项目

技术必须得到保护，专利有助于树立品牌。于是，我将多年研究与实践的成果——三位一体儿童、青少年注意障碍与分心现象矫治方案申报国家专利，正处审核期。

出版相关著作

2014年，出版社找到我，希望我把这些方法写出来，让更多的人受益，让我的成果在更大范围内传播。于是，2015年，《孩子分心这样教》正式出版，被业界誉为2015年家庭教育类图书中最接地气的一本书。我也收到许多读者来信，有寻问自家孩子解决方案的，也有社会教育机构希望能携手合作的。影响力与公信力的建立是我的公司下一步梦想实现的基石。

打造线上产品

互联网时代，鲜有线上不作为的企业能够大获成功。线下线上相结合，一定是润杰教育的发展道路。如今，我们线上的第一批产品即将推出。大家可以在"家长帮"App上看到"芮老师专注力课堂"的课程，也很快能看到"中、高考心理指导"等系列课程。我们的目的是让更多的家庭和孩子受益，更大范围地宣传本行业、本公司。

建立忠诚客户

虽然现在的客户数量并不算多，但我们并不急于急速扩大客户，而是致力于建立忠诚客户。怎么建立？就依靠两点：承诺与兑现。

润杰庄严承诺：所有的训练手段都是物理的、纯绿色的，对身体无任何副作用；所有的教育方法都是积极的、正向的，不给心灵半点伤害。

润杰庄严承诺：儿童注意障碍、分心现象三个月初见成效；六个月大见成效；一年根本改观，并且不会逆转。

润杰庄严承诺：每一阶段训练，都与家长共同确认目标，共同验证可观察、可测量指标，共同见证实实在在效果。

润杰庄严承诺：实行客户不满意随时退出机制，交费后任何时间无需理由均可退出训练，公司将退还自申请退出期后的全部剩余费用。

其实，我们的客户对价格并不特别敏感。他们最关心的两条是：期盼好效果，担心副作用。所以，我们就在这两点上狠下功夫，客户的忠诚度也就随之而来了。

艰 辛

读罢以上文字，大家也许觉得我是个幸运儿，创业顺风顺水。其实不然。宋代大诗人王安石早就说过："看似寻常最奇崛，成如容易却艰辛。"接下来，就让我诉诉苦，也说说正面临着的困惑吧。

创业之前，我在别人眼里是专家；创业之后，我在别人眼里是商人。看专家的目光是崇拜；看商人的目光或多或少有点怀疑。

创业之前，是客户来找我、求我；创业之后，是我去找客户、求中介。

创业之前，我是到月领工资；创业之后，我要到月发工资。

创业之前，小资生活是我的常态；创业之后，小资生活是我的过去。

至于风里来雨里去、全年无休就不用多说了。

有些亲友问我为何要过这种日子；有些亲友直言我这人就是会"作"。

是呀，我也搞不清楚为什么。后来一位心理学家给了我这么一个解释：一个人上了某条道后，就会有一种神奇的力量推着你往前走。这时，你的心中除了目标以外，对其他的一切会全然不顾。你会失去许多，但会得到一样人生最珍贵的东西，那就是"自我实现"。这是对人生的最高奖赏。

在别人眼里，我是个弱女子。其实我的内心还是蛮坚强的，对苦、对累、对失去生活享受都能够坦然接受。让我真正痛苦、纠结的是事业发展中遇到的那一道道槛……

当我在医院工作时，当我经营第一家工作室时，我的感觉是收放自如，一切都在掌控之中。因为那时的主要技术工作要不就是我亲自做，要不就是在我的监控之下开展。当发展到5个工作室时，矛盾就暴露出来了。我个人疲于奔命就不用说了，在质量控制上也出现了问题。这时我想起几乎每一个来聊我项目的投资人都曾提及的一个问题："芮医生，看了你的工作室和训练报告后，我毫不怀疑它的效果，也看好这一市场。但我们的疑点是，当你发展到5个工作室时，你玩命还能对付，发展到50个、100个甚至1000个时呢？任何一个投资人的兴趣点都在未来规模上，而不会在你现有工作室的盈利上。这个问题你必须解决，必须很好地解决。"

要规模化，必须打造我们的技术模式、管理模式、营销模式且必须具有可复制性。这种打造非一日之功，我们正在努力做，但还没有完善。这是我们必须跨越的第一道槛——商业模式。

做企业，不可避免地要与同行比较。虽然专门从事我们这一行当的人并不多，但从全国范围内看还是有一些。据我们对同行的了解，他们的技术普遍单一，且先进性不够，但他们的名声与市场影响在我们之上。也就是说，我们的技术优势并没有转化为市场优势。这对一个企业而言，是致命的短板。这是我们必须跨越的第二道槛。

一个项目，在实验阶段是做研究，走向市场之时就是做商业。种小麦与卖面包全然不是一回事。我就是种小麦的。可是，要实现理想，实现初心——让更多的存在注意障碍与分心现象的孩子受益于我的技术，最大的难点在于推广。人们凭什么知道你，凭什么相信你？这是我们必须跨越的第三道槛。

以上三道槛是我们必须跨越的，而这三道槛恰恰是我知识结构中的最短板。这才是我创业以来最大的郁闷所在！

听一位老人说过："助人者必有人助。"果然，在我最困惑的时候，"贵人"来了……

人生充满机缘，每个机缘都有可能将你推向高峰。生命中任何的成功绝不是一蹴而就的，"一半靠自己，一半靠他人"。所谓"他人"就是贵人，就是在关键时刻能为你点醒迷茫、指明方向的人。

加入初心会的感受和成长

下面来说说我的"贵人"——初心会的王挺老师。我进入这个行业也是基于初心——一颗助人的心。

进入初心会这个大家庭之后，王挺老师作为大家长，帮助我重塑企业核心价值和商业模式，让我理解了链接交互的作用，以及如何把线下和线上连接起来，使我这个朝阳产业更加落地。

"80后"在孩子长大的过程中对于这种多动症、分心儿童有了更好的认知和意识。随着新生代家庭越来越多，加上二胎政策，注意障碍与分心现象矫治这一块的市场需求量越来越大，很有可能变成一个降维打击的服务。

这个项目有三个方面需要突破。

模式问题

芮老师专注力教育在一定的时间、阶段之内是强关系，价格并不便宜，对于有的家庭压力特别大。同时这是一生一次的低频次的产品和服务。所以在商业模式上要从一生一次的生意发展成一生多次或一生一世的生意。业务、产品的延伸和拓展特别重要。比如记忆力训练、情商训练、音乐、美术、K12补习培训服务都是可以嫁接的。目前对于分心儿童的治疗，从国外的经验看来，运动疗法是比较好的。如美国游泳世界冠军"菲鱼"，小时候就有多动症。他的妈妈在他七八岁的时候帮助他调整好了，结果他在运动上展现了惊人的天赋。这是国外积累的一些经验。芮老师专注力教育在模式上需要做很大的突破。芮老师进入学校做分享，作为入口级的免费服务模式，比很多K12的补习班更有竞争力。但如果只是免费讲一两个小时，在业务转化上不具备"杀伤力"。要打造真正意义上有一定体验周期的入口级产品，比如提供半个月的分心儿童治疗方案，一开始免费，在体验一段时间后，家长就可能选择付费，让孩子继续接受治疗。也可以在学校做一个慈善或公益服务，把2～3个小时的沙龙变成一个真正意义上的服务，让参与者体验到分心儿童治疗的价值，这样后面转化效果就好很多。

渠道问题

目前只靠自己，发展是很有限的，建议跟补习班或针对后进生的服务机构合作，这样"借鸡下蛋"，就可以更快地获取更多的用户。但是问题是设备并不便宜，必须要在拓展外围的渠道上面采购、购置设备。这个时候就要做一些调整,比如采用押金模式。这样补习班等就很容易变成渠道,通过代理招商的方式参与进来。可以采取保底投资的形式,再委派一些任务给他们。之后,他们在做大市场的时候分钱给自己,就能够补贴或者覆盖成本。这样渠道才有可能更好地开拓开来。

● 运营层面

很多家庭在这个过程中受益了,一些妈妈也知道了怎么去改善多动症孩子的状况。有时候可以鼓励她们去做义工或志愿者,或者把她们打造成金牌辅导员或导师。她们的现身说法或身体力行给很多用户带来的影响或对口碑的传播以及对平台的信任意义是非凡的。如果要进一步推进,那么可以在线上也做一些产品,比如语音的分享,由自己的专家或已经有所收获的家长们分享经验,同时再开展一些沙龙活动。这样就可以通过种子用户影响到天使用户,再影响到主流用户,通过口碑传播和大家的圈层影响实现更好的商业运作。

托 娅

  江湖人都称"托掌柜"。豪爽的"蒙古女侠",从事羊绒行业二十余年。2006年开始独自创业,起起伏伏,跌跌撞撞;2010年暂停创业,进入职场重操旧业,积蓄能量;2014年再次进入创业轨道,创办茹娅实业有限公司,成立茹娅时装工作室;2015年开启服装行业反传统新零售模式,从羊绒衫实体零售走向单客经济,一路执着前行。

勇于实现自己的梦想是伟大的!

我就是我,是那不一样的花火……

——茹娅女神汇创始人　托娅

一条从羊绒衫实体零售走向单客经济的不归路

——我正在体验的服装行业反传统新零售模式

在这个世界上,有很多"异类"。他们与众不同、独树一帜、特立独行,他们愿意用自己的一己之力改变这个世界上绝大多数人习以为常的事。我就是这群"异类"中的一员。

我叫托娅,大家都称呼我"托掌柜"。

越挫越勇的创业之路

我从事羊绒行业已有20多年,1997年高中毕业就在内蒙古包头市从一名纺织女工开始做起,踏入了这个有着"软黄金""纤维钻石"美誉的羊绒针织行业。1999年夏天,我扛着一个花了25元买的新皮箱,揣着几百块钱南下深圳,在一家当时号称"羊绒界黄埔军校"的知名纺织公司先后从事车间质量管理、辅料库管理、生产部综管。三年的工作中,我得到了很多的学习和锻炼机会。2002年被招聘到上海浩森羊绒制品有限公司,从事了5年的生产管理和计划调度等方面的工作,从原料到纺纱再到成衣,一条龙负责,外销订单、内销订单双管齐下,终于彻底将自己进修成了羊绒圈的一名"全面专业人才"。在这5年中,买房子、嫁汉子、生孩子,我完成了一个女人一生中很重要的几件大事情。现在回想起这段时光,觉得算是比较安定的。

2006年年底,我离开稳定的公司,开始独自创业,生活与工作都历经了很多的变迁和起伏。2008年,受到经济危机的牵连,一笔订单亏损了近百万元,我不得已变卖房产还债。2010年,我选择再次回到公司上班,一干又是四年……在此过程中,我经历了无数的伤感、失落与无助,感慨生意场的潮起潮落。不管怎样,最终我都熬了过来。那些辛酸,经历时觉得像一部灾难片,回忆时却成了一个故事和成长最珍贵的记忆。

我始终觉得人生最可怕的事情是活着看不到希望,没有梦想!2014年年初我去了拉萨。大昭寺前朝拜的人,一路随处可见的瞌长头的老人,让我更加相信:不管物质生活多么匮乏,只要有信念,有目标,向前走,一直走,内心的目标终会达成,梦想终会实现!

回到上海,我开始思考。家庭和儿女是女人一生最大的牵绊,作为一个平凡的母亲,我也一样。随着女儿逐渐长大,她希望每天回到家可以见到妈妈,不愿意妈妈再频繁地出差。在事业与家庭的选择中,我选择了尝试兼顾。2014年年初,我再次决定离开当时公司的管理岗位,又一次自立门户,成立了茹娅实业有限公司。公司最初的主要业务包括羊绒衫、羊绒围巾的零售和批发，并承接一些生产订单的业务。

起初，为了节约成本，降低风险，我在家附近的一个科技园区内租了一间70平方米的办公室，做了简单的装修。每天坐在

大大的办公桌前，一边工作一边听着老古董收音机里面传来的电台播放的好听的歌曲，抬眼看到一排排衣服展示陈列在那里，时不时有朋友过来挑选、试穿，一起喝茶、聊天、晒太阳……这小小的一方天地，温馨、自在。一张办公桌、一张沙发，便成了梦开始的地方。

社群营销开创的生存之路

由于工作室位于园区内部，少有陌生人知道，主要通过熟人帮忙推广介绍。我也很辛苦地去附近的小区发过宣传单，不过收效甚微。衣服都漂漂亮亮挂在那里，可是没有那么多人来挑选。我琢磨半天就建了一个QQ群，把全国各地的朋友们都邀请进来，起初有100多人。我每天有空就给衣服拍照然后发送在群里，方便大家随时了解和选购货品。这应该算是我开始社群营销的雏形吧。

茹娅工作室自成立以来一直实行会员制，这在我的社群营销中非常重要。客户消费后自动成为会员，有一个专属的会员编号。对

重新定义世界
—— 中小企业转型升级创业实操书

客户的每一笔消费我都有记录，并且为客户累计积分。客户今后可以用积分抵现或是兑换礼品。这样做的初衷也是为了粘住客户，以方便后续提供更加长期的服务。事实证明，这对于长期有效地积累优质客户是很重要的。

  我有着多年从事纺织服装行业的工作经验，这在服务客户、赢得客户信任时发挥了重要作用。只要对方报出身高、体重，我基本就可以判断出客户的尺码。对羊绒专业知识的了解和品质的严格把关，提供调换或者退货承诺，消除了客户购买的后顾之忧，增加了客户对于产品品质的信心。渐渐地，有部分上海的朋友通过群里信息和图片了解到货品情况，会预约来工作室亲自试穿。零售生意就这样陆续做起来了。在批发方面，除了给一些原本就有业务合作关系的朋友供货以外，我还会建议一些忠实的粉丝会员们，有些简单的产品，通过看图片就能选择款式，比如围巾、披肩，可以利用上班空余时间，分享给身边同事、朋友们，由我负责发货。一个月围巾销售量最多曾达到2000多条，销售额有40多万元，这在当时也算创造了一个奇迹。现在看来，这些应该算是"创客"雏形了吧，让消费者变成了经销商，在不影响本职工作之余顺便还能有些额外收入。大家合作得都很开心！

  常言说：开店容易守店难。身边一些同行业内的老乡，有很多都开着羊绒服装专卖店，由夫妻俩搭档共同经营。几个做得比较好的，由起初的一家店逐渐发展到好几家店，虽然看起来生意都还不错，在上海也买了房和车，但他们基本是全年无休地守店。越是到了节假日，店里生意越忙，很多老客人就是要找老板娘买才觉得踏实。这样一来，人根本不能离开店里。这种守株待兔的工作不是我想要的，而且传统的店面生意很容易受到天气影响，天太冷人们不愿意出门，天太热人们也不愿意出门，下雨天更是少有客人逛街,销售业绩也会因此下滑。另外,高额的门面租金、人员工资、羊绒原料本身的高成本,都给同行业的从业者们带来很大的生存压力。

我的小工作室,随着时间的不断积累,也出现了一些问题。会员越来越多,当时的工作室渐渐不能满足发展的需求。很多经朋友介绍初次到访的客人都觉得:你的衣服品质这么高,价格又这么实惠,藏在这里太可惜了。换一个明朗、交通方便的地方,是不是会更好?终于在经营了两年之后,我有了重新寻找店面的想法。

我自知不是一个能够蹲在店里老实守店的人,自己也没有足够的资金实力开品牌连锁专卖店然后全权委托店员看店,况且好的满意的店员也非常难找,所以当我在寻找店面的时候,就没有把目光放在人流量较大的繁华地段,甚至街边店面都不考虑,因为同样会面对较高的租金和招聘店员的问题。

我最终选择了现在合作的这家位于浦东新区的一个社区型商圈内的咖啡生活馆。这里虽然暂时人流量不大,但是交通便利,地铁直达,停车方便。店内环境幽雅清静,每天都有鲜花、咖啡、音乐

相伴。合作方式也比较人性化，根据销售业绩的百分比分成，这样在上半年淡季的时候养店的压力就比较小。

2016年3月，茹娅工作室喜迁新场地——再见上海咖啡生活馆，开启了新的航程。

社群管理延伸的成长之路

我是一个热爱自由的女子。我认为，对于一个人来说最难得的就是"自由"：时间上的自由、财务上的自由、身体上的自由、精神上的自由、灵魂上的自由。我理解的"成功"是：用自己喜欢的方式过一生，而我的梦想就是在路上……

因此，我选择了这种身体和时间都不被束缚的工作方式。当时线上的QQ群成了重要的销售工具，群里有200多个会员。我不管身在哪里，都能够跟大家联系，可以随时随地互动进行销售，大家也都可以随时了解我的动态、了解产品的动态，同时也养成了到店前提前预约的良好习惯。随着微信的使用频率不断提高，2016年年初我把QQ群里的会员迁移到了微信群。考虑到大部分男性会员平时不太喜欢抱着手机聊天，为了避免对他们的干扰，微信群里只收女性，男性谢绝入内，这样大家平时除了关注产品之外，还可以聊一些女性感兴趣的话题，分享一些育儿经验或者跟生活品质有关的积极的、正能量的信息。没想到这一决定一不小心为日后的茹娅女神汇社群的诞生奠定了一个坚实的基础。

羊绒衫的销售季节主要集中在10月至春节前的这几个月。每到春季，我基本以走访市场为主，去市场上看新的流行趋势、流行颜色，联系工厂打样品、设计新款式，5—6月就开始陆续参加各品牌订货会等。7—8月是暑假时间，我基本放下工作，以陪伴孩子为主：带她回内蒙古住一段时间，看望陪伴家里的亲人朋友们，然后带她去祖国各地探亲访友，感受当地的人文、风景。我一直认为最好的教育在路上。让孩子通过自己的所见、所闻，亲身体验和感受，找寻生活的乐趣，以便未来可以自己去定义喜欢的生活方式。我希望我的孩子有自由选择人生目标与方向的能力……

这样的生活和工作方式让身边很多朋友羡慕，却没有多少人能真正有勇气放下既定的现实生活去实现未知但内心向往的生活方式。于是我在很多人眼中成了一名不走寻常路的洒脱女子。

到 2016 年年底，会员人数累积到近 400 人。每个人对于款式、颜色、尺码大小的要求都不同，我们就提供量身订制羊绒衫服务，每季有近 500 种款式、100 种颜色。客户可以根据自己的喜好和要求任意选择。因为大多数女性会员基本都是妈妈，白天要上班，下班回家还要照顾孩子，就算是全职妈妈，一天也处于充实忙碌的状态，基本不太有时间去逛商场购物。所以，我平时在群里除了发布产品款式之外，还会分享一些时尚流行趋势、穿衣搭配建议等供大家参考。慢慢地，随着客户的黏性越来越强，只有羊绒衫、大衣、围巾已经不能满足她们的需求了，她们希望可以足不出户就解决穿戴问题，所以后面就增加了可以配搭的裙子、裤子、鞋子……客户们白天在群里选好款式，下班路过试一下尺寸就可以拿走了。这些方式既省时省心又省力，最重要的还省钱。大家买得不亦乐乎，渐渐地也都由客户变成了无话不谈的朋友。通过线上的软性服务与关系连接，整个微信群已经不是在单纯地销售服装产品，而是在帮客户提供穿衣搭配的解决方案。

也许是源于我与生俱来的亲和力，我很容易与每一位客户产生比较亲近的关系。通过专业的学习，我也掌握了一些社群经营管理的方法论。靠理念做产品，靠价值观做社群，让用户参与管理，这就是我一直经营茹娅女神汇社群的宗旨。我们群里有产品官、纪律官、新闻官、迎宾官、活动官、VIP会员服务官、财务官，还有每周七个不同主题活动日的七个不同的产品服务官……大家各司其职，虽然没有一毛钱的劳务费，但在各自的"岗位"上都非常敬业。这个社群能运作到今天，离不开每一位参与者的付出。作为这个社群的创始人，我发自内心地感谢大家，很感恩能够与众多优秀的女性在茹娅女神汇这个非常有爱、有温度的社群里共同成长。

为了让大家在这个团队里更有归属感与存在感，2016年岁末，我们举办了茹娅答谢会、第一届茹娅女神选美大赛、茹娅女神年会活动，为2016年度支持茹娅女神汇的各位杰出会员们颁发了奖品，通过各种游戏环节让大家彼此间更加熟悉。看到大家因为茹娅女神汇这个平台、因为我而结识，成了很好的朋友，甚至是闺蜜，有资源可以共享，有困难互帮互助，我也发自内心地感到高兴。其实，社群本就是一个社交网，在这里能找到一群有相同价值观的人，找到分享的乐趣，弥补社交圈不足的孤独。茹娅女神汇除了帮会员们解决穿着的问题外，还是一个得到快乐与满足的入口。我很期待每一个结识茹娅女神汇的女性都活得开心，活出自我，不断绽放，这也是我希望看到的这个社群存在的最大价值。

居安思危后的转型之路

谁说创新不是一种冒险，但这个时代的进步需要先行者。创业不仅靠运气与努力，还要有身先士卒的精神。我愿意冲在反传统的前沿，为我们辛苦的服装零售行业的从业者们带来一线新的希望！

在一个众创的时代，靠单枪匹马、单打独斗肯定是不行的，更何况羊绒这个品类本身就有很多局限性，所以我就尝试着嫁接更多品类并提供给我的会员们。

2016年7月底我发起了一个众筹项目，寻觅33个梦想合伙人，每人3000元，众筹金额为9.9万元。当时众筹的目的：① 产品预售；② 可以锁定一些有产品的合伙人，共享用户，互相推广；③ 有丰富的品类选择，方便更多愿意分享产品的会员们进行分销代理，有较好的利润空间。基于过往积累的信任，众筹目标在两天之内顺利达成，也筹到了33个梦想合伙人。我嫁接了4个不同品类的系列产品进来，梦想合伙人们都享有优先代理权。在后期的实践中发现，由于大家都是不同行业，各自品类的专业性决定了梦想合作人互相推广比较困难，每个人都有自己的主要工作和事业要做，想要跨界深度合作对接暂时不太合适，因此这个项目最终以兑现完产品内容而告终。但是通过这次众筹项目，我也收获了一些宝贵的经验，对于众筹的玩法有了更深的了解，也和这些梦想合伙人之间有了更进一步的信任。感恩彼此在创业路上的相互扶持，相信未来有一天一定会有合适的时机再度启动合作。

这次尝试产品嫁接失败后，我仿佛又回到了冬季以羊绒衫销售为主的小胡同，但与之前不同的是，我开始尝试着把产品分为以下几类：机头产品、机身产品、机翼产品、机尾产品，根据不同的销售方式和不同人群的需要匹配对应的产品类型。我发现对社群销售来说，相对大众化的、实用的、超高性价比的、售价又不是太高的产品比较容易成交。所以，我就提供一些具有这些属性的特价产品，发在群里，供大家购买，然后快递发出。比如2个小时不到40件羊绒衫就销售一空了，在服务老会员的同时也可以引流，得到了很好的口碑宣传，还能帮助朋友清理库存。在实体店经营惨淡的季节，我的小店里虽然看不到几个客人光临，但是基本每天营业额都可以过万，也创下了单款在几天时间内销售几百件的记录。

有朋友询问我为什么不做淘宝、微店，或者做微商，每天通过发朋友圈来达成销售。我是这样认为的：首先，我的产品有一定的特殊性，一部分是样衣，一部分是外销的余单，还有一部分是量身订制的高端产品，都不是批量货品，也许淘宝店资料都没有做完这件衣服就被客人买走了。其次，社群店商和微商的区别在于，社群是有互动的，除了利益线之外它是有温度的，而微商或者淘宝店都是单向的，你没办法主动了解到客户的需求，因为不熟悉，客服接待咨询工作量也会很大，交易一旦结束关系也就结束了。鉴于我的产品结构和我的个性，社群电商更加适合我。

尝到社群营销甜头的我，本着"把店面做小，把用户做大"的原则，想要增加销售额，就得想办法裂变。我想到了裂变分群，相当于传统行业的开分店。于是在2017年3月，我尝试着发起了一个裂变10个分群的计划。我在茹娅女神汇群里招募了10个群主。

不出两个小时就报名满额。我从如何建群，到如何管理社群，再到如何达成销售等一步一步培养群主。初衷是通过裂变，在增加销售业绩的同时让茹娅女神汇的忠实会员们在本职工作之余可以有一份新的事业，通过学习，有成长，有收益。然而，做了才发现，这件事对于群主这个核心人物的综合能力要求很高。一个社群，群主是灵魂人物。如何把群里几十个人甚至几百个人调动起来，对群主是一个考验。后来十个分群中只有三个存活下来，但是活跃度也不是很理想，销售情况不佳。这个裂变方案以事实证明行不通而宣告结束。

　　人总是容易绝处逢生。既然衣服有季节性，那我是否可以成为一名优质的家庭买手，借用自己广泛的人脉资源，为这几百个会员以及她们背后的家庭提供服务，解决她们日常衣食住行需要花费大量时间外出采购和甄选的麻烦，以团购的形式提供她们优质的高性价比的产品，让这些家庭不用费神就可以拿到她们需要的产品。如果这样，那我的任务就是不断给大家推出日常生活所需的一些优质产品。后面我就开始朝着这个方向物色满足条件的产品了。我决定先从"吃"开始，基本条件是：① 原产地优质产品；② 低于市场零售价；③ 便于产品交付；④ 便于储存邮寄。这样一来，产品结构就发生了变化，比之前可操作的业务范围扩大了许多；解决了羊绒衫原本的季节性和低频次的弊端，通过一些高频次产品与用户产生连接，再结合一些低频次产品，保有合理的利润，业绩就比原本高出许多。这就有了现在的茹娅美食汇的诞生。基于我之前多年积累的人脉关系，朋友遍布全国各地，可以很便利地对接到当地特有的自种、自产的各种特色美食。我每天在群里都会推出不同的品种，有需要的会员就直接在群里接龙留言。

重新定义世界
——中小企业转型升级创业实操书

为了确保产品品质，茹娅美食汇有严格的推荐产品流程：第一步，我亲自了解产品，审核产品源的可靠性；第二步，由专门的三位资深吃客做"试吃官"进行试吃，产品合格了再进行下一步；第三步，以超低的价格提供20个尝鲜试吃名额，让更多的人了解产品，大家自行接龙抢购；第四步，20个试吃员吃完以后在群里反馈，得到大家一致认可的产品，才有资格成为茹娅美食汇长期合作的产品；第五步，群里团购接龙，付款，统一安排发货，并且做出郑重承诺，所有推荐产品如有不满意可以无条件退款不退货！所以只要大家需要，都可以放心大胆地复购。

熟悉我的人都知道,"托掌柜"是一个热心肠,待人真诚,也喜欢分享,愿意为朋友们牵线搭桥。初衷只是想帮助大家互通有无,共享资源。久而久之,也就积累了很多的人脉和比较好的口碑。没想到时至今日,这竟然成了自己的独特资本,在有需求的时候可以很方便地进行整合。

社群发展开创的众创之路

17年的生产管理工作经验使我养成了对要做的事情都会复盘思考的习惯:有没有更加高效、更加便捷、更加创新的方法来完成任务?我认为社群发展无须循规蹈矩,不能安于现状,要勇于创新。我更乐于不断学习,擅长快速落地,用实践来检验学到的理论,然后在尝试中使社群不断优化、迭代从而升级!

有了稳定的客户群体和优质的售前售后服务后,会员的黏性越来越强,依赖性也越来越强。在穿着方面,会员们希望在我这里不光可以买到全套的衣服,最好配搭也可以一并解决。这就有了现在合作的丁非高定手包、云丝定制旗袍、纯手工原创设计首饰、Morninglily定制女鞋等。为了避免群里内容太多引起混乱,每周七天分为不同的专场主题分享日,由专门的义工服务官负责推进。

周一是"茹娅·护眼日"。这一天会与会员们分享一些护眼小常识,初衷也是希望大家在美丽的同时,不要忽视了这扇心灵的窗户。一双慧眼可以带给我们不同角度的世界。希望通过这样的分享可以唤起大家对眼部保养的重视。

周二是"茹娅·旗袍日"。社群与来自苏州的云丝旗袍合作,向

重新定义世界
——中小企业转型升级创业实操书

会员们推荐旗袍。这些旗袍,面料设计独特,配合超高难度的手工绣花工艺,均是市场上难得一见的作品,每一款都让人眼前一亮,爱不释手。一直觉得亚洲的女性真的就应该穿旗袍出街,虽然每个人身材、气质不同,但是穿上旗袍后各有各的韵味,尽显东方之美,让人百看不厌。

周三是"茹娅·高订手包日"。社群与来自苏州的丁非高订手包工作室进行深度合作,向会员们推荐高定手包。这些手包结合了浓郁的手工苏绣,将中国风与现代风完美结合,在构图取意上寓意吉祥,既是手包,也如一件首饰,让每一个女性都风情万种,与众不同。这也是我希望看到的女性应该有的样子。

周四是"茹娅·女鞋日"。一双好鞋,可以带我们走向美好的生活。每一个女性都生而不同,都应该敢于表现自我的美。在Morninglily,可以为自己挑选款式、材料、颜色、鞋跟高度等,可以为自己订制独属于自己的时光之履。穿上私人订制的鞋,无论是出席公众场合,还是闺密小聚,抑或独自漫舞,都能尽显自己的非凡美学主张。

周五是"茹娅·手作饰品日"。一枚手作饰品,或许不是最完

美的，但一定是材美工巧的，融入了设计者的生命故事。大家戴的不只是一件别致的首饰，也是一种对于美好生活的践行态度。

周六是"茹娅·卡士酸奶日"。与高端的卡士酸奶品牌合作，也是为了回馈店铺附近的会员们。我们正好有渠道可以用低于超市的价格将卡士酸奶提供给会员，便民的同时也可以跟会员产生更好的互动。会员们每周过来拿酸奶，顺便可以见面聊几句，互相问候一下。哪怕只是一个微笑，一声谢谢，都会让人觉得很温暖、很快乐。所以我很乐意尽我所能为大家做一些服务。

周日是"茹娅·万金子颈椎枕日"。与来自福建的万金子颈椎枕合作，不光是因为这款产品本身的性能良好，更多的是因为被创始人的执着与专注打动。"让天下人远离颈椎病"并不是一句口号。研发者们十年如一日地专注于产品的研发。这款产品拿到了多项国家专利，可以快速地帮助人们改善睡眠，调理颈椎酸痛，得到了数十万用户的认可和感谢。所以我也很愿意分享给我的会员们，希望能够为大家的优质生活带来更多更有益的改变。

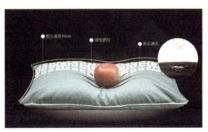

现阶段，除了茹娅女神汇群里一周七天不同的主题日分享之外，还有几个细分的不同功能的小群：酸奶团购群、茹娅美食群、茹娅旗袍活动群、茹娅手作群、茹娅 VIP 专属群、茹娅购房群、颈椎枕售后服务群……我相信随着未来涉足的领域越来越广，还会出现更多的小分群，集中为有单品需求的用户提供更加精准的服务。

其实，不管从事什么行业，只要选择好自己的"赛道"，用尽全力，把这一件事情做好、做透、做到极致就很棒。茹娅，已经不再是一个简单的销售服装的小店了，而是优雅女性精致生活的代名词——美丽的外表，充盈的内在，积极的生活态度，高端的生活品质，丰富的女性技能……茹娅从最初的为消费者提供以羊绒衫、羊绒大衣订制为主的私人订制服务，发展到配搭订制首饰、订制旗袍、订制手包、订制高跟鞋等，也有改善生活品质的万金子枕头、养生铁皮石斛，未来还会给大家提供更多饮食起居所需要的各类优质产品，如进口红酒、生鲜、时令水果、土特产、家居日用类产品、高品质母婴类产品，等等。

作为芸芸众生中的改革派,有时候我会尝试着重构体验,有时候我会尝试着重塑标准,有时候我还会尝试着颠覆规则……总之,我不会止步不前,也不愿意安于现状、随波逐流。通过努力,做自己想做的事情,成为自己想成为的人,何尝不是一种成功。我相信,当自己下定决心去做一件事情的时候,没有什么是能够阻挡得了的。当这种信念能够让人感到有无穷力量的时候,所有困难就会为你的目标让路。我很幸运,在人生的路上,能够遇到很多支持者,他们愿意与我携手前行,众创共赢。非常感恩每一位合作的伙伴。前行的路上,我并不孤单。

个性活动营造的软性商机

作为一个创业者,一定要找到自己区别于其他人的地方,这就是所谓的基因。要做符合自己基因的事情,扬长避短。把自己的长处发挥到极致，短板可以通过外部合作进行弥补。我发现我很适合跟这些女性会员们在一起，通过了解大家的需求，发挥自己的优势，从而尽力满足大家。遇到愿意向我敞开心扉的会员朋友们，我也很愿意接受这份来自对方的珍贵的礼物，做一个倾听者，尽自己所能为对方排忧解难。

除此之外，工作室每个月都会携手咖啡生活馆不定期地组织各种适合优雅女性精致生活的线下沙龙活动，让大家除了柴米油盐酱醋茶之外还有琴棋书画诗酒花，每天的时光都充满各种美好。生活可以有别人，但日子只能是自己的。把日子过成诗太难，但把诗揉进日子里，会容易些。手工皮具课上，原本不自信的女性，最终拿着自己一针一线缝制出来的作品在众人面前展示，那种洋溢在脸上的笑容，是无法用语言形容的。都说走线如人生，落针无悔，但是我发现错了，可以拆了重来，也会有新的轨迹，没什么好遗憾的，

重新定义世界
——中小企业转型升级创业实操书

这何尝不是人生的一种大智慧。通过每场活动，大家聚在一起有说有笑，时不时有人穿插几个段子，引来一阵哄堂大笑。时光就在这样的不知不觉中流逝。生活随意些，但认真些，挺好！

为了给优质会员们提供更加便捷的服务，工作室也会不定期地邀请相关合作品牌一起做线下活动，为有需要的用户提供专场订制服务及相关专业知识的分享，如旗袍品鉴会、服装色彩与手包搭配会、红酒品鉴会等，让大家在购买的同时也有了对专业知识的了解，便于大家在未来购买的过程中能够拥有更好的甄别能力。

通过这样的活动,女性们从镜子中看到了不一样的自己,高昂着头颅,眉眼间、嘴角间也都充满了自信,生活也变得更加别样、精致,而这些也正是我想带给更多的女性会员的发自内心的改变。

不忘初心，提升自己

我一直相信：实践是检验真理的唯一标准。宁愿做错，也不要因为各种担心而不去做，留下遗憾。每一次经历的过程，都会带来很多的成长。商业本身是用来成就我们不一样的人生和精彩的生命，它只是一个工具，不是活着的目的。

所以，不忘初心就显得尤为重要。这一路，我总是在试错，在反省，在成长，然后继续在尝试中前行。

其实早在学生时代，我就在心里种下了一颗不安分的种子："未来绝对不要铁饭碗，而要自己去打拼一个精彩人生"！之所以有这个想法，是源于一次得意的"从商经历"。那是在1996年的圣诞节前夕，那年我18岁，读高中三年级。

项目内容：卖贺年卡。

投资本钱：5元。

收益：300多元。

耗时：一周之内，合计约30个小时。

从商过程：圣诞节将至，从生活费里面拿出5元钱，利用中午休息时间，乘坐公交车花了2角钱，去市场批发了几十张大小不一的圣诞卡，晚上下了自习课去其他同学宿舍，一会工夫就卖了15元，然后开心地把5元钱成本揣回了口袋。第二天中午，又利用休息时间，用赚来的10元钱统统进了货，晚上下自习课回来窜了两个宿舍就卖了50多元。第三天，又用赚来的钱全部进了货。后来几天每天中午都花费2个小时进货，晚上都花费2个小时卖货。一个星期下来，赚了300多元现金，还剩余了大量的存货，遇到关系好的同学我就送几张，大家都很开心。

销售秘籍：① 每天晚上会邀请一位同学一同去体验生活，还可以顺便壮胆，想着有人陪不至于一个人很尴尬；② 会找到不同年级的认识的同学，让她们去帮忙代销，放一些货给她们，第二天挨着去收钱顺便补货，赠送一些卡片作为回报；③ 为了节约时间，每天中午不在学校食堂排队打饭，很奢侈地花2元钱去校外饭馆吃一碗热腾腾的牛肉拉面；④ 去市场进货时会货比三家，比质量、比价格、比款式；⑤ 进货品类会分不同价位，高、中、低端都有，满足各类同学的需要。

"经商感受"：那一年学期结束我因为成绩优异拿到了学校的二等奖学金15元（一等奖学金是30元），当时就觉得其实做生意赚钱比成绩优异拿奖学金好像来得更加快一些。那一年过春节，用赚来的300多元钱给自己和家人买了好多件新衣服（那时候质量很好的牛仔裤50元一条）。看着同学们每天为了备战高考埋头苦读，甚至还有一个同学因为压力过大导致神经衰弱而无缘高考,我就暗下决心:我要放弃高考,要走一条不同寻常的道路。我相信不管选择走哪一条路,只要通过努力,都可以走出一片天地。

所以在踏入社会的这许多年来,不管前进的路上再苦再难,我都没有轻言放弃。因为自己学历低,所以我只能比别人付出更多,但我也一直没有停止过学习,无论个人技能、文化知识,还是做人做事,都不断跟身边的人请教,通过理论学习后在实际工作生活中不断琢磨,不断尝试。

1997—1998年,利用工作间隙和休息时间,我学会了羊绒衫生产各道工序的操作方法。同一批进厂的学徒工,当她们花了两个月时间终于学会了自己本工序操作的时候,我已经学会了后面的全部生产工序,虽然手艺还不熟练。我还私下托亲戚从北京纺织学院花了200多元钱买来一本很厚的《纺织品大全》,利用晚上别人在看电视剧的时间,自学完了全部的理论知识。1999—2001年,我在深圳一边上班一边报考了成人大专自考,每周有两个晚上要去上课，学习许国璋英语、高等数学，而对于语文、马克思主义哲学、毛泽东思想、邓小平理论等课程，我都是每天早上5点就起床在阳台上背书。现在回忆起来，都忍不住想为那时候努力的自己鼓掌。后来离开深圳来到上海，

自考也随即流产了，所以我的最高学历依然是高中。到了上海，工作稳定了就开始自学英语，经常耳朵上插着耳机在听MP3里面的口语对话。2006年经济条件允许了，我就果断花了好几万元报了为期两年的EF口语培训，也曾经很认真地按时去学校上课，国外客户来了，也可以和客户沟通那么好几个回合。不幸的是，没等学多久，事业上就出了问题。我每天都要处理各种焦头烂额的问题，学习也就没有再继续了。时至今日，我其实还是一名成人大学的在读学生，2019年就可以拿到专科毕业证书了，然后再继续进修本科。毕竟，学历还是很多方面必备的一块敲门砖。在创业方面，我在初心会众创营报了名，跟着王挺老师和其他优秀的企业家同学们一起学习，互相探讨。说实话，起初课上的很多内容和很多互联网词汇我根本听不懂，所以我只能选择我听得懂、学了就用得上的部分着重记录，课后反复琢磨，然后付诸实践。大抵这也是我能够快速落地的原因之一吧。因为自己不懂，所以简单；因为简单，所以相信；因为相信，所以执行力强。

在2001年年底，还发生了一件影响我后面人生轨迹的事情。

重新定义世界
——中小企业转型升级创业实操书

那时候我 23 岁,在深圳工作,临近年关要返乡,去当时深圳最繁华的商场给家里亲友买礼物。在一个饰品柜台前,我一边买一边和老板聊天,得知她要回老家带孩子,现在这个"黄金旺铺"要割爱转让。越聊越觉得机会难得,聊到最后,我竟然决定不回家过年了,把这个柜台转租了下来,那个老板还"好心""低价"转让给我一大批饰品存货。结果没过两天,那个老板就在靠近商场门口处又拿到了一个新的柜台,拿着我给她的钱进了一大批新货,开启了她的兴隆生意……不到一米的柜台,租金 5000 元/月,那时候这是很高昂的租金。后来的结果是:我做了 20 天时间,亏掉 38000 元。为了圆自己儿时的一个酷爱首饰的梦想,我大半年辛苦工作攒下的积蓄血本无归,还欠了朋友们 8000 元。当时欲哭无泪,也不敢告诉父母,怕他们担心。就在想办法转让柜台,想减少一些损失的节骨眼上,手机被盗,钱包被偷。爸爸知道以后,担心我一人身在异地出事,催促我赶快回家,并以断绝父女关系相要挟。诸事不顺,痛定思痛,最终我选择了听爸爸的话,拎着行李,带着借来的 200 块钱,买了一张硬座火车票,耗时三天,回到了老家内蒙古。

这件事让我下定决心:未来绝不做奸商,不欺骗他人、伤害无辜;若出问题了,就算损失再惨重,也一定要及时止损,不死磕、不纠缠、不钻牛角尖,大不了放弃后从头再来。

"天将降大任于斯人也,必先苦其心志,劳其筋骨,饿其体肤,空乏其身,行拂乱其所为,所以动心忍性,曾益其所不能。"这段话伴随着我走过了很多年。2008 年经济危机爆发,正在做外贸订单的我没能幸免。那时候,我正在帮一家美国公司负责羊绒订单在中国的生产业务。自己手上有一笔亲自操作的订单,由于客人资金链断裂,没有按照约定支付加工货款,导致不能顺利生产,没办法按期出货。最终订单砸在自己手上,我又一次面临着高额的负债。

接下来一年多的时间都纠缠在协商解决这个问题的路上,很多次穿梭于厦门和上海之间。曾经有一个星期的时间,我白天就坐在南普陀的山顶上发呆,看着山下川流的人、车如蝼蚁一般,到了晚上,就窝在网吧的沙发上合衣而睡……当站在高处向下看的时候,所有的事物都变得那么渺小。站起身拍拍屁股上的灰尘,好像也没什么大不了的,无非就是从头再来一次。最后决定:放弃这种没有结果的纠缠状态,把上海的一套房子卖掉,还掉当初做订单欠下的所有的原料货款和加工费,重新开始生活。

这一集不算是故事了,对于当时的我来说,那就是一部灾难片。事后它让我明白:在遇到原本以为只有跳楼才能摆脱当下困境的坎儿时,只要挺住,一切都会过去。人生本就是一场旅行,有不期而遇的风景,也会有始料未及的磨难。当已经没有什么可以失去的时候,你就会无所畏惧,也意味着转折的开始。事实证明,一旦决定放下了,很多事也就过去了,明天的太阳还是会照常升起……

高调经营,俯身前行

心有多大,梦想就有多大。有了梦想,我才有力量走得更为坚定。2018年我和我的团队将启动一个小梦想:希望在未来五年之内,拥有500位VIP会员(人均年消费总额达1万元以上即是VIP),年销售额达500万~1000万元;依托茹娅女神汇、茹娅美食汇这两个社群

重新定义世界
——中小企业转型升级创业实操书

为大家提供服务,不管我在世界的哪一个角落,都可以跟大家互动,发挥众创的力量把单客经济践行到底。

在实现事业梦想的同时,我也会带着我的精神梦想一起前行。作为国际公益组织——狮子会的一员,在未来,我也要将这份公益事业一直延续下去。"我为人人,人人为我",在我外出参与公益服务的时候,也会有客人愿意来为我无偿地服务,这就有了"茹娅轮值掌柜计划"的诞生。给予一些合理的回报,让消费者成为销售人员,解决了雇佣固定的销售人员的很多弊端,同时也增加了和会员之间的互动。让认可产品的用户一起推

广,一起参与销售,前进的路上我就不再是孤军奋战。发动大家的力量,一起献策献计,茹娅将不再是我一个人的茹娅,而是大家的茹娅。

狮子会创始人茂文钟士曾说:"只有当你开始为更多人做些事情的时候,你才能够走得更远。"所以我始终相信:平日里小小的善举,在你需要的时候,一定会还你一个大大的温柔。

未来的路还有很长,随着时代的不断进步,我还需要不断提升自己。著名的心理学家黄维仁博士说:"人生最可贵的是有一颗谦卑的愿意不断学习的心。"在初心会进行反传统创业的学习过程中,我对商业有了新的认知,对

行业有了新的定义,对自己的新零售模式有了更深的理解,未来的方向和目标也更加清晰。我相信:只要一步一个脚印,踏踏实实地认真走好现在的每一步,用心对待每一位信任和支持我的用户,在这个口碑为王、服务至上的时代,我们的社群就会越做越好。

通过社群销售,打破了传统的模式,不受地域的限制,不管身在哪里,都可以经营生意。单客经济让我可以不受行业的限制,突破营收的天花板,有更稳定的经济收益,有更多自由支配的时间,去更多想去的地方,帮助更多需要帮助的人……这也是我想要的成功!

谨以以上文字来记录自己这些年来走过的历程,算是留给自己的纪念,也希望与更多的创业者共勉!

项目点评
挺哥

在有限的资源前提下，托娅通过社群运营推动了商业变现，补充了自己在资源上面的一些缺陷。托娅是我们在用户运营上极少数打造属于自己社群的伙伴。托娅对自己个人IP的打造，无论在精力上还是时间上的投入都是足够的。

托娅在社群标签的定义以及整个角色的分配方面都做得很好。在机制上，大家的参与感非常强，社群内部的组织分工也很明确，在价值上也创造了很多功能以外的情感价值。如果用马斯洛需求层次理论来说，就是在五重需求上都通过活动以及互动等实现了用户的满足。总之，托娅在社群运营系统化方面的做法是可圈可点的。而对一个社群来讲，要像乐高玩具一样，能够留白，让用户更好地去找到自己可发挥的空间。这也是托娅在做社群时提供的很大的价值。比如，家庭主妇家境很好，愿意做义工，去卖衣服，这在过去是不可能的。也只有在她的社群里面，大家不去计较个人的收入、财富、地位，打成一片，彼此助力，发挥自己的特长和优势。

需要提升的地方有以下几点：

第一，整个的社群的定位需要进一步升级，因为做社群本质是卖生活方式，需要很好地去抓取用户画像，找到哪些是真正的种子用户（重度用户），然后把标签打造得更具竞争力、更有差异性。

第二，平台运营效率需要提升。目前社群运营都是基于个人时间和精力去运营，没有基于平台运营，尤其是没有借助一些软件去运作。所以效率在后期是有很大的天花板的。会员服务的工具化、系统化、平台化都需要现在有意识地加快并且实现对于会员数据的可记录、可分析、可跟踪、可运营。这样才有可能实现会员从晋级的层面有一个比较好的通道，从真正的平台数据运作层面有效落地，保障社群后期在复制、扩张、有足够的会员数的时候，能够稳定成长。

第三，目前的盈利模式是最需要改进的。目前托娅的社群推荐的很多是基于高频次、轻决策、强关系的食品类的产品，这些产品带来的利润在没有海量用户的时候是有限的，所以在产品的矩阵上要思考哪些是入口级的产品，哪些是利润产品，哪些是黏性产品。还要思考如何把现有用户挪到另外一个新的品类中，赚取更好的业绩回报和利润回报，提供更多的增值服务，保障多维度的盈利落地。比如家庭主妇美容、养生、海外旅游以及抗衰老、日本的生命基因体检、海外置业（投资）等，都是可以去尝试跨界、提供这方面的产品和服务的，而基于这些场景获得的利润才是可观的，也是丰厚的。中后期建议可以实现基于这个社群打造O2O体验馆。对于托娅，需要打造属于自己社群的产品，并且构建出合适的品类，推动头牌产品，实现有效的体验、购买的便捷，从整个社群真正意义上的价值感和竞争力方面实现更有力的突破，从而构建属于自己的一定的竞争壁垒。

杨 波

一直自诩为"90后"的大波兄,创建艺宿家——姑苏古城复兴化缘者。希望用不同的玩法,给城市文化、旅游、古城更新不同的活法。

先相信,后看到!

不是因为看到希望才去坚持,而是因为坚持才会看到希望!

——艺宿家创始人　杨波

重新定义世界之艺宿家
——人生是一场艺术而性感的旅程

艺宿家的缘起

生命的意义和价值就是在有限的时间内改造世界。世间无永恒,个人和公司都一样。每个人来到世界,他的责任就是改变世界,只是改变的程度不一样而已。

志不立,无可成之事。很多人考大学前,才发现自己的志向是那么的迷茫,考大学是最迫切的志向。出生和生长在湖南一个小县城的我,有湖南人特有的固执"霸蛮",从小就觉得自己是带了使命来的,对未来充满了幻想。

小学读书后就没有出过远门的我,选择了上海的大学,专业是计算机。计算机对我是很神秘的,在报考的时候,我甚至都没有见过真正的计算机。这一切对我来说是全新的世界。时代的影响,让我认为从商是时代的潮流,也是我能改

变世界的工具。也许这算我的第一次迭代。

大学四年里，大部分时间我都在接触新的事物和勤工俭学。大学里我是个另类，同寝室的人基本见不到我，也不知道我在忙什么。我似乎一直在重新了解这个世界和城市。在课堂上，他们很少见到我。每次都涉险过关，偶尔也会考个高分。大学的生活是那么稚嫩，却又那么真实。到上海学习，是我的一次重生，我的性格似乎和高中时的内向完全不一样了。这也算我的第二次迭代了。

我觉得我是属于这座城市的，没有想过离开。当时来到上海，路过浦东的时候，我偷偷地拿了一捧土。后来这捧土，我留到了毕业。为了留下来，毕业的第一份工作是在上海浦东做一名计算机教师。那次面试是我第一次上台，准备好的台词使我冲上去三次都因为紧张而结巴。最后将稿子扔掉，一气呵成。也许找到自信才能真正找到自己的潜力。后来校长告诉我，除了我台上的表现以外，我是唯一一个通过他动手测试的人。当时他给了来面试的人一台需要维修的计算机，大部分人甚至都不敢打开计算机，而我修好了一个软驱。

凭着大学里面的小小名气和在外打工的计算机功底，当时一位校友找到我，想拉我一起成立一个公司。我说做装机吧。后来又拉了两人。当时我穷到兜里每天只有几十块钱，我的股份算是借款。就这样，4位校友成立了一家计算机公司。我做讲师的第一天，也是我们的计算机公司——上海达信科技开业的第一天。

然而3年后，公司结束了。后来和同学有过短暂的医疗行业的互联网创业史。我一直在一种创业的状态中，无法再安静地在学校继续我的教师生涯。3年的教师生涯，让我受益，也让我看清了未来发展的方向。

后来几年，互联网行业在不断发展。我一直跟着"跳动"，一直关注着。在10个月不到的时间，我换了6份工作，领略到了职场的生活，其间还莫名其妙地成为办公室政治斗争的牺牲者。没有储蓄的我，遇到了互联网泡沫的破灭。当时家人还以为我在做老师，我也没有向家里要钱。那个春节是在节衣缩食中独自度过的。有了这些痛苦的经历后，我选择了相对比较容易积蓄资本的智能化工程行业。有了原始积累2万元后，我成立了盟力智能。做工程，起步和积累都比较快，但天生不喜欢应酬的我，慢慢觉得这不是我的未来。

在培训行业疯狂的年代，我每年都会去参加一些培训课程来充实自己，如成功学、管理、风险投资、国学等。

关注互联网的我，自然对风险投资有了自己的一份热情。在上海交大学了几年风险投资的我，和同学做起了私募基金。当时大部分时间都在全国各地飞，时常出入高端时尚场所，但面对那些半真半假的言语，我感觉到了一种孤独。

在正和岛组织的一次"玄奘之路"上，我的身体有了一次最痛苦的经历。缺乏锻炼的我，第二天就快坚持不下去了，每次提起脚放下就是一种痛苦。同伴慢慢地散开，在茫茫戈壁中走着。我只能听到自己的呼吸声和为了减轻痛苦而发出的叫喊声。我突然发现，我流泪了。这是我大学毕业后第一次流泪。在上海打拼已经十几年了，我似乎突然明白了自己一路走来是为了什么，感受到了那份孤独，那份坚持。不是因为看到希望才去坚持，而是因为坚持才会看到希望。5年后，当我再次来到戈壁，竟然拿到了一次单日最好成绩，并最终在千人比赛中拿到第十九名。我完成了一次超越，也重新认识了自己的潜能。

半年后，我有了思慧堂——禅会所。几年来，我一直在学习国学。中国古圣先贤的智慧，让我找到了自己的"本心"。

30岁以前，我独自一人在上海生活了十几年，有很多的冲动、不舍和遗憾。在每次的迭代和升级中，也许我一直在寻找着什么。

30岁以后，我遇到了我的爱人，有了我的孩子。他们让我再次迭代和升级。感恩他们给我的一切。

来到姑苏古城，最初的想法就是做思慧堂——我交友和休息的地方。而我要在苏州为未来准备一块生活和养老的基地。后来的一切，既有历史的机缘，也有命运和使命的安排。

父母以前在花鼓戏团，也许他们的故事就像电影《芳华》一样。也许我有文艺的基因。虽然是理工男，却希望自己是个文艺青年。记得在大学里最喜欢听的歌曲是《流浪歌手的情人》，幻想着有一天带着心爱的她，做个流浪歌手，到处游荡。也许因为有这样的基因，从来没有做过设计的我，一手设计和策划了最初的一些空间，比如"六如""西厢""九禅"等。

创建艺宿家，首先源于一颗中国心，相信东方文化的复兴。当我在正和岛的阳明四合院学习，和众多的企业家在一起唱《歌唱祖国》，唱到"我们战胜了多少苦难，才得到今天的解放"的时候，大家一起泪流满面。泪流满面的原因不仅是对祖国的热爱，也是企业家们对自己几十年来成长和经历的感慨。我们热爱祖国，热爱我们的事业，也热爱我们生活的这片土地和我们走过来的每一个脚印。

作为一个连续创业者，我之所以会做艺宿家，并将艺宿家当作最后的事业，也许是因为我根深蒂固的爱国情结，也许是因为多年来对国学的喜爱，也许是因为计算机和互联网的专业背景，也许是因为对旅游的热爱，也许是因为对姑苏古城的情结，也许是因为对毛泽东的崇拜，认为东方文化需要有个"井冈山根据地"。我坚信姑苏古城会成为世界级的文化旅游中心。

重新定义世界之艺宿家

一个组织的未来，取决于它的世界观和对未来世界的看法。一个公司的目标，就是将它对未来世界的定义，通过实践来实现。

作为一个出生于20世纪70年代的"90后"（我定义的"90后"，是1990年以后还活着的人），在创立艺宿家之初，在办公室里，我让一个书法家意气风发地在墙上写下了"为改变而来"。让他疑惑的是，我还让他写了"我们是来做姑苏古城的"。我没有解释，其实也不知道如何解释。后来他说，每次遇到我，看见我还在平江路，公司还活着，他就觉得很开心。这几年一路走来，艺宿家在不断迭代和复盘，也交了不少学费。支撑我坚持下来的是我内心的热爱和愿力。我相信我们的事业能给社会、未来、古城带来价值。创造价值的事情，应该毫不犹豫去做。

很多人说我是一个有情怀的人，但我并不喜欢"情怀"这个词，因为情怀是给别人看的。我做这件事情，更多的是因为我们的梦想，我们共同的梦想。这个梦想是我们可以一起去实现的梦想。

思慧堂是为了聚集禅修的爱好者，艺宿家则是为了在姑苏古城聚集东方文化的爱好者。姑苏古城应当成为世界级的文化旅游中心，成为东方文化的超级孵化器。这是艺宿家对世界和未来的理解。

艺宿家小镇
——古城复兴的化缘者，新城市文化小镇运动的引导者

"艺"：卓尔不群。

"宿"：倦鸟归巢。

"家"：兼容并蓄。

地点：姑苏古城。

构成：老房子改造的艺宿家空间。

工具：中华文化。

理想：复兴古城。

艺宿家，是一个以文化和旅游，吸引和聚集东方文化者的社群，也是一个东方文化的旅游社区。

在这里似乎都能找到798、田子坊、宋庄、莫干山、乌镇等的影子，但是艺宿家有自己的独特生态系统。

很多城市都有一条繁华热闹的古街，而且面临同质化。平江路在开发的前几年，有很多文创项目，但随着人流量增加和房租增加，重蹈了798和田子坊的覆辙。高额的房租挤走了很多有文化和

内涵的项目。很重要的一个原因是它不够大,无法包容这么丰富的业态。而姑苏古城首先够大。同时苏州的旅游痛点是没有一个像杭州西湖、上海迪士尼那样的超级旅游 IP。苏州旅游的游客量,虽然每年有上亿人,但是只有 10% 的游客留下来住宿,其他都是过客。姑苏古城是苏州唯一有超级旅游 IP 潜质的地方。杭州重在山水,姑苏古城重在人文。杭州有白娘子,姑苏古城有唐伯虎。杭州有灵隐寺,姑苏古城有寒山寺。杭州和姑苏古城有太多可以比照的地方。而姑苏古城历来都是文人墨客的聚集之地,现在应该成为东方文化人的聚集和传播之地。平江路是姑苏古城开发的代表。让一条街,成为一个街区,让主街成为流量的聚集器,让支巷成为内容的承载工具,最后形成互相补充和融合的一个超级旅游目的地。这是姑苏古城的未来。

姑苏古城现在是一个观光旅游的目的地。我们希望通过良好地解决旅游住宿的问题,将姑苏古城提升为度假目的地;通过文化的聚集,让姑苏古城成为文化旅游的目的地;通过城市博览会,让姑

苏古城成为文化展览的目的地。

艺宿家专注于一个城市的古街的纵深开发、内容聚集和流量疏导，用互联网和社群的方式，形成新型的城市文化小镇的开发运营模式。

艺宿家前期改造了2万平方米的分布式的姑苏古城平江路的空间，实现了对古城的更新和保护。在这些空间里，提供了文创空间、艺术家工作室、特色民宿居住、文化演艺等空间。同时艺宿家对内容进行了链接和聚合，将一个个空间像珍珠一样串成了一株项链；围绕核心景区，从空间到内容进行了裂变和聚集，形成了流量虹吸和引导，在线上线下形成了独特的社群和社区结合的文化旅游生态。

平江路一线，是清一色的江南民宿建筑，古香古色，内部修旧如旧，多个民宿建筑连点成线、连线成面，具有一个小镇的雏形。而艺宿家除了居住功能之外，还是创业新地、文创高地、传统文化传播主阵地。"它不是如宫殿景点、影视古城一样的死城，它是一座活的古城，各种业态融合发展，传统文化自行传播。"

艺宿家为游客提供最舒适和雅致的住宿体验，为游客提供最贴心和极致的住宿服务。它是高标准的居住空间和值得一看的苏州景点，但是它又不是一般的景点，它是深度的和鲜活的。在艺宿家，你会不由自主地想要伏案写一张字，你会渴望在院落树下读一本书，你会自发接触和触摸传统的中国文化，包括但是不限于书法、国学、佛学、茶道、文玩。另外，在艺宿家，客人是可以和主人、店家进行互动的。这种交流互动不是基于商业利益，纯粹是因为兴趣和热爱。这就是艺宿家理想中的社区概念。

在艺宿家社区中，有流动起来的生活。艺宿家的最终目的是建立一个围绕核心景区的民宿集群，一个有生活的民宿社区。这里面包含各种业态，比如私房菜、书吧、昆曲馆、香道茶道馆、艺术

馆、艺术家工作室、服务中心等，为不同居住者提供"邂逅"和交流的机会。

在艺宿家社区中，客人既可短宿，也可长居。相同的一点是：在任何一位客人到来之前，房间已扫，阳光满床。该开的花一定盛开，该发的芽恰好露头。

在艺宿家社区中，客人既可以无所事事，也能够有一番作为。创业者可以在这里驻扎，创业公司可以在这里设立，但是又不影响别人在隔壁弹琴、写字、浇花、晒太阳。激情做事和安适生活可以在这一社区里并行。

在艺宿家社区中，大家是陌生的，又是交叉的。一家从事设计的公司的门外，可能正游客如织。一家正在做饭的住户，可能有游客进来品尝美食。融洽地融合，是这种社区的主基调。

在做艺宿家的过程中也发生了很多有趣的事情。

在一群入住艺宿家的游客之中，我发现在粉丝群里，有人的名字与自己十几年前的学生同名，因为名字很特别。一见面，真是自己十几年前的学生。俗语有云，千里姻缘一线牵，十几年缘分也是一线牵，这条线，就是艺宿家。

还有一位成都的琴女，从成都飞到苏州，古琴因无法托运，只能快递。来到艺宿家，只因在微博上看到了艺宿家的一张照片，只为了在自己钟情的一所民宿内，弹奏一曲古调，拍摄两张靓影。

很多设计师、网络作家、画家、文化工作者、编剧，或是偶然误打误撞，或是经人介绍，来到艺宿家，有的短宿，有的长居，有的甚至成为艺宿家的合伙人、投资人和共事员工。有缘来聚，但是聚此并非寻缘，而是寻源。

不远的将来，艺宿家将在姑苏古城举办"姑苏古城城市博览会"。到时候会邀请全世界上千位文化人、艺术家、设计师、匠人、东方文化传播者，在姑苏古城住一个月、创作一个月、展览一个月。这是一个文化的盛会、一个旅游的盛会，还是一个艺术的Party，抑或是一个巨大的东西方文化融合器？也许都是，也不全是。除了城市博览会外，艺宿家还会举办"东方雅文化博览会""百匠展""姑苏文化博览会"等一系列重量级的文化旅游超级IP。

艺宿家是姑苏古城复兴的化缘者。它感召所有有相同愿望的人，一起来实现这个梦想。艺宿家想复兴的是东方文化。我们应该在中国传统文化的基因中，孵化出新型的东方文化，这才是我们未来东方文化复兴的希望。

有人问我，禅是东方文化吗？我说，有位艺术家画了一幅油画，上面是小桥流水，还有东方的旗袍。你认为是东方文化还是西方文化？工具只是思想表达的工具，而思想才是真实表达的文化内涵。

当我们站在容创意园六楼艺宿家中心的屋顶，俯瞰整个姑苏古城的时候，发现周围的高楼将古城围成了一个盆地，就像一个天然的漏斗。你能感受到2000多年的姑苏文化，感受到东方文化的基因，就隐藏在这个漏斗之中。这是一种沉淀和积蓄。

东方文化是艺宿家的基因，艺宿家更多的是提供东方的生活方式的载体，旅游则是它的工具。这些历史遗留下来的老房子，这些改造后形成的新型的文化旅游载体，这种网格化的文化空间，嵌入在城市生活中，可以用于居住、生活、展览、开工作室等。

有人问我："为什么在平江路，大家叫你'帮主'，是不是因为你将平江路看作一个江湖？"其实在艺宿家，每个人都有一个和现实世界不一样的名字：无忌、茉莉、生非……艺宿家想塑造的是一种与现实世界完全不一样的体验，提供的是你梦想当中的生活状态。艺宿家崇尚的人生是一次艺术而性感的旅程。希望艺宿家成为

"四爱"（爱文化、爱艺术、爱生活、爱旅游）青年的平台。"六如""七隐"是艺宿家的两栋有代表性的民宿，也代表我对人生的理解。如果有来生，我愿为隐士，隐于姑苏。

艺宿家改造的一个空间，以前被别人租用来做杀鸡场。房东是在上海的一位老人。房间只有80平方米，但是如果售卖需要200人签字（老人和2个兄弟是共有人，2个兄弟已经过世，但他们的子孙有上百人）。艺宿家将这间房设计改造成了明星产品"竹庐"。老人来到这里，含着泪，抚摸着院子里的琵琶树……

用不同的活法，给文化、艺术、旅游一个不同的玩法。艺宿家要在姑苏古城，展示千年的姑苏、千年的东方文化。"用文化展示一座城"是艺宿家的使命和责任。

3年来，艺宿家在不断迭代和升级。

最初，艺宿家希望将平江路沿街发展的模型转变成田子坊的块状街区模式，做了丁香坊、旧街坊。虽然比较成功，但是在资金能力和市场环境的限制下，这种变化是缓慢的。

重新定义世界
——中小企业转型升级创业实操书

当民宿成为风口，艺宿家转变成"围绕核心景区的民宿集群+文创商业集群"的模式，取得了更大的成功和影响力。艺宿家似乎变成了一个民宿品牌。在这期间，艺宿家改造了大量的老房子，将原来很多无人居住、漏水，或者民工居住的老房子，改造成了融合艺术家工作室、居住、展示、会客功能的一个个艺宿家综合载体。从某种意义上说，艺宿家做了一部分动迁和古城更新的工作。

艺宿家小镇是艺宿家的 3.0 版。艺宿家小镇，更多专注于内容的聚集和孵化，以及流量的虹吸，是一个"内容小镇""流量小镇"。它将引导一种新城市文化小镇运动。从艺宿家到艺宿家小镇，是从项目运营到生态培育的提升，从空间改造到内容聚集的迭代。

不变的是初心，改变的是工具。在一切以人为核心的时代，艺宿家更加注重的是以同类人群为核心的聚集，并以此提供独特的文化旅游生态系统。

有位广州的艺术家，在艺宿家偶遇后，艺宿家为他在平江路办了一个画展，同时提供了一个居住空间作为他的工作室。工作室里充满了他的作品和生活气息。同时这个空间也对外经营，接受居住的预订。居住者成了艺术家的粉丝。空间在传播的过程中，也成了艺术家的传播工具。在空间里的艺术品被收藏，艺术家也常来平江路，渐渐找到了活法。非常有意思的是，他放在平江路的作品被带回去后，在一次展览中都被买走了，而且他在平江路找到了自己的真爱。他说平江路是他的福地。这些福气是艺宿家带给他的。

艺宿家对东方艺者们说："我们的意图就是要你和我们在一起，在姑苏古城一起生活，一起玩，一起做一些事情。"东方艺者是艺宿家定义的一个对传播和传承东方人生活方式的东方技艺人士的称呼。它不仅包括了玩琴、棋、书、画、诗、酒、茶、花、香的九雅人士，也包括了东方匠人、东方文化艺人等。东方艺者告诉大家，中国人应该怎么去生活、开展社交。

艺宿家就是要提供一种活法，让大家聚集后，形成新的玩法。

有一次，在和一位艺术家谈到艺宿家的使命是用不同的活法给大家不同的玩法时，他竟然哭了，说没想到竟然有这样一群人，在关心他们的活法。大部分接触到的文化业者，看起来光鲜亮丽，却处在窘迫当中。

艺宿家将空间赋予了生命。"铭庐"以前只是一间不起眼的毛坯房，经过台湾地区设计师的设计，成了一位全国知名的篆刻家的工作室，接待了全国上千位居住客人，并成为一部院线电影的拍摄地，很多的写真和私房照也在此取景。有些朋友也将此作为聚会会议的场所。"铭庐"是一个典型的艺宿家空间，它有居住空间，有创作空间，也有接待场所。来这里的人通过这个空间链接在了一起。

艺宿家有众多的空间IP，也会有众多的艺宿家IP，也会打造众多的有情怀的IP。艺宿家是一个IP矩阵的集合体，也是一个文创的超级孵化器。

艺宿家曾经在"开始吧"做了3次众筹，得到了很多人的响应。有些在外地的苏州人，被艺宿家改造古城的愿力吸引，甚至有一个房东也主动来参与众筹。众筹让我们发现，原来有这么多人，对古城的复兴，对东方文化，有着相同的爱好和愿力。

在艺宿家组织的活动中，书法家展示了书法，一位吹箫大师即兴表演，咏春拳的传人和大家切磋了拳法，茶艺大师与大家品茶论道。在天台的烧烤中，参与者有资深投资人、油画家等，大家其乐融融，晚上则住在"七隐"，继续聊更多的话题，第二天又各奔东西。

姑苏古城平江路，是艺宿家的一次伟大的实验。艺宿家小镇，

重新定义世界
—— 中小企业转型升级创业实操书

不是一个地名概念,而是艺宿家对一个城市文化和旅游的独特模式,是一种新型的文化旅游综合体,带有强烈的城市文化符号。

艺宿家,从诞生到现在,遭到过很多人质疑,也走过很多艰辛的路,但就像它"出生"时我们在墙上写的"为改变而来",它激活了很多事物,也改变了很多事物,自身也在不断迭代和升级。

艺宿家用文化旅游空间的运营商定义自己。它究竟是做文化的、做旅游的、做互联网的,还是做社群的,我想未来会告诉大家答案,但是不变的是,它生来就是为古城复兴、东方文化化缘、呐喊的。

我希望艺宿家小镇能形成一种新型的城市文化旅游小镇的运营模式,良好地解决城市更新和文化旅游的结合,为我们未来的每一座城市建立一个展示当地文化的网格化的综合体,真正做到"用文化展示一座城"。

艺宿家小镇生态系统

艺宿家小镇的使命,就是让喜欢和爱护古城的人回到古城,聚集在一起,帮助更多的东方艺者,在古城过得更好。

艺宿家文旅公寓

艺宿家文旅公寓为艺术家、文创从业者、文化爱好者、旅行爱好者等提供了围绕平江路的长期居住空间。他们可以在这里居住、创作、做自己的工作室、接待朋友。

在这里也感召众多的东方艺者们:你们可能散落在苏州的各处,也可能散落在全国的各地,如果你们想回来,可以直接来找艺宿家。艺宿家在古城等你们回家。

艺宿家文创工作室

艺宿家为某些东方艺者定制了工作室和展示、销售空间。希望在这样的空间里,他们能更好地创作和展示。同时艺宿家会提供各种方式,让艺者们产生链接,并提供空间、资金、资源支持。

艺宿家文化主题馆

文化主题馆是文化和空间的聚集器和发生器,是艺宿家提供给东方艺者的一种全新玩法。

2017年夏天,在一次众筹活动中,我接到了一个电话。电话那头是个"90后",喜欢苏州,喜欢姑苏古城,特别是平江路。她说儿时别的孩子还在撒娇玩耍,她便在爷爷的怀里识玉辨玉,接受从高古文化到传统文化的艺术熏陶,至今略有建树。她一直在思考一

个问题,如此珍贵的中华传统文化如何得以传承。她准备与17位大师组建一个书苑,但契合的空间如今太难找了,契合的人也太少。她问我是否可以见一面,觉得我就是那个可以帮助他们的人。见面后,我们相谈甚欢,相见恨晚,立刻敲定了将东方传统文化艺术与艺宿家空间相结合。艺宿家小镇之隐村——"七隐"正式诞生!

"七隐"是我们对隐文化的一次深入的探索和思考。我曾问一位在终南山的隐者,为何而隐,对方说:"隐为了出,出时更有名。"佛家的隐,又为禅隐,讲究的是自律得自在;而"七隐"的隐,是以竹林七贤为代表的隐,讲究的是逍遥自在、无拘无束。"七隐"大隐隐于热闹的平江路小巷中,原来是一个养老院,后来政府把它交给了我们,周边邻居也觉得我们不错,把旁边的房子也交给了我们。"七隐"用竹子结合老苏州的元素、圆洞、扇形窗、石板砖……少一些色彩,多一些墨香,回归古江南应有韵味。"七隐"共有十个居住空间,以"琴棋书画香,醉爱梦舍仙"各取一字命名。不可多得的800平方米建筑面积内,包含了茶艺室、练功天台、活动大平台、书法厅、琴院、书苑工作室……结合"德恒书苑"高古文化、传统文化的内容输出与传承，首家 17 种课程的文化传承民宿就此诞生！

她就是德恒书苑常务校长，考古世家独立传人、继承人，中国和田玉鉴赏院行情分析师，文化部古典芭蕾专业级十二级注册教师，国际认证阿斯汤伽高级瑜伽师导师以及"七隐"的主理人。

德恒书苑目前传授金刚功、茶道、咏春拳、古法瑜伽、汉朝礼制、考古（巫史通论）、戏曲、乐理、古典舞蹈等。

这是我们尝试的一个案例，在后续的宣传和活动中，我们进行了一些卓有成效的尝试，并打造了德恒书院和她的个人 IP。

艺宿家希望更多的人实现梦想。每个人的梦想就像一道光。我们的梦想在一起就可以成为太阳，去温暖其他人。

在这里，我们再次感召东方艺者：也许我们提供的服务和产品，你还不是很理解，还不是很符合你现在的需求，但是请相信我们的一颗希望在一起的心。

弘艺社——东方生活方式公益组织

有一次,一位书法家说:"现在文化难做,书法作品没有人要。"我说:"你整天穿着西装,让你的儿子学习钢琴,书法作品当然越来越难卖。你应该穿中式服装,让你的儿子学习中国的乐器,更多地去传播东方的文化,这样你的书法作品就会有很多的客户了。"这也是弘艺社的缘起。弘艺社是一个以弘扬东方文化为核心的公益组织。

后来越来越多的艺术家自发加入弘艺社,以琴、棋、书、画、诗、玉、茶、花、香为主要品类,为艺宿家小镇不断提供内容输出与活动支持。同时每一个艺术家在我们每一个民宿都有自己的工作室,用于艺术品的展览、创作、交流。

弘艺社希望未来能为东方艺者成立一个东方艺者大学,让东方人的生活方式的传播有一个强大的载体。

艺宿家其实有更多的业态和玩法。我们有评弹馆、私房菜、摄影工作室、民宿村落、艺术直播、咖啡厅、书吧等各种玩法。艺宿家要做的就是坚守初心,让更多的人取得成功,获得价值。让我们共同目睹中国复兴、文化复兴、古城复兴。

来自艺宿家的感召

在古城,艺宿家一直在传播和呐喊,希望更多的人能和我们在一起。

在这个过程中,有非常多的艺术家、文化人找到

我们，以各种方式与我们产生链接和合作。艺宿家小镇是艺术家与东方艺者的聚集地。我希望有越来越多的艺术家与东方艺者找到我们，与我们在一起！

在规划中，艺宿家小镇不仅仅是简单地让艺术家与东方艺者在这里有个工作或者展览的空间，而是要成为中国乃至世界的艺术与技艺的交流、创作、变现胜地。当规模到达拐点，我们将号召1000位艺术家、东方艺者在这里生活一个月、创作一个月、展览一个月，定期举办艺术嘉年华、东方雅集城市博览会甚至世界级的博览会。

这是我的梦想、艺宿家的梦想，我想也是所有和我一样热爱艺术、热爱东方文化的人的愿望！用不同的玩法，给东方文化以更多的活法！未来，我希望我们这一代、年轻的一代、更年轻的一代，期盼的不是"双十一"，而是文化的大餐……

附1：2018年艺宿家宣言

艺宿家相信，
每个人的梦想就是一道光。
大家的梦想在一起就是一簇光，相互照见。
未来我们的梦想就是一个太阳，
一起照耀更多的梦想！

当你能够忘记你的过去，
看重你的现在，
乐观你的未来的时候，
以宽恕之心向后看，
以希望之心向前看，
以同情之心向下看，
以感激之心向上看。

看远：览物于胸。
看透：天下熙熙攘攘，为何而来！

最先衰老的，不是容貌，而是那份不顾一切的闯劲。

对过去的一切，说声感恩和抱歉。
感恩那些帮助和支持我们梦想的人，
感恩那些和我们一起奔跑的人。
向那些被我们伤害或者伤害了我们的人说声抱歉。

重新定义世界
——中小企业转型升级创业实操书

艺宿家只是想做一些对大家、社会、未来有价值的事情。
不忘初心,艺宿家在路上。

艺宿家希望能让更多的人成功,
让更多的人和我们一起实现梦想。

艺宿家为改变而来,
艺宿家为爱而来,
艺宿家为未来而来。

艺宿家小镇等你回家!

附2：艺宿家发起人学院

艺宿家发起人学院孵化和培养东方文化和空间的融合者。他们将以东方文化和生活方式为根，以互联网思维和文旅融合为工具，创造出新型的文化旅游商业新载体、新模式。"一切皆有可能"以及历史的使命感，是我们潜行的动力。

第一期主要招募爱好东方文化和从事东方文化传承，并对民宿有独特的情结和爱好的人。

培训费用：免费（由主办方筛选）。

培训内容：全面培训东方生活方式、互联网思维、自媒体传播、IP打造、民宿经营等。

培训结果：提供创业指导和投资支持。

如果你觉得生活本身就是一场艺术的旅行；
如果你对东方文化的复兴有坚定的信念；
如果你有一技之长，并想以此为生；
如果你的情怀需要一个空间和载体；
如果你想象的一切认为可以通过文化+空间形成的载体来呈现；
如果你一直梦想做一个以你的思想为灵魂的民宿；
如果你自命不凡，却无法施展；
如果……
欢迎你加入艺宿家，
加入艺宿家发起人学院。
在这里，一切只为实现你和我们共同的梦想！

在这里，一切是免费的。

在这里，每个人都是一道光。

在这里，所有人的光照耀你，你也照耀别人。

每个人的梦想就是一道光。

在一起，我们就是一簇光。

未来我们是一起照耀别人的太阳。

艺宿家属于一个消费升级时代的文创体验平台，未来会倾向于聚焦中产阶级，将空间体验、培训教育、文创产品融为一体。要让别人更好地去理解和识别并且用有限的资金创造出更大的市场价值，还是需要对项目进行深度的打磨和塑造。

新市场细分定位

艺宿家必须要把现在拥有的零散民宿空间、商业空间和艺术家、文创体验、旅游服务等串起来，才可以把零散的珍珠串成一串比较漂亮的项链，才会更富有价值。所以对于这个新细分市场，核心品类应聚焦于东方古城文创产品，线下以东方古城文化生活空间为主，线上则是艺宿家的产品展示的一些商城。总体来说，对东方古城文化生活空间的打造是实现所见即所得的一种商业场景，在塑造东方的一种文化的氛围下，推崇出符合这个时代、具有人文情怀的中产阶级的雅致生活和养生方式。这种生活方式将代表着一种新的对于生活意义的理解以及对于生命意义的追求。

◉ 盈利模式

目前的盈利模式以民宿住宿收入和商业租金收入为主，存在的商业空间很小。所以在盈利模式上要重新梳理。要用现有可串起来的所有资源，以"线路"的方式，以导游的介入，重构盈利模式。以内容做入口，以民宿做体验，以线路做导航，以空间做道场。基于线路，加上培训（表演），再加上产品，才有可能实现通过线下和线上双轮的驱动推动整个核心品类的销售。关于这个核心品类，个人推荐还是基于东方古城的文创产品。C端卧室、书房直接改造，办公室直接改造，更多地赋能给其他空间。这些空间可能是民宿，可能是连锁酒店的大堂，可能是集团公司的接待室。这样输送出来的价值就很大了。

◉ 平台架构

对于整个艺宿家来讲，必须要理解未来的使命和价值在哪里。从终极目标来看，在打造具有东方古城定位空间的时候，因为要实现产品的落地，所以艺宿家变成了一个古城文创IP的孵化器，以民宿为载体，以体验为核心，以场景为导入，以文化为加持，以产品为盈利，实现更多古城文创产品的市场覆盖。今后在基于苏州平江路这样的标杆打造的同时，可用同样的方式再扩展至更多的古城。

最后，特别要提醒的是，艺宿家除了在整个定位上要更加清晰外，在节奏上要阶段性地确认自己的主次，步步为营，逐个突破，才有可能构建出最终的一个结果。在结构性壁垒上，目前拥有的先发优势如"运营+设计+装修"的优势，基于古城民宅空间打造出全新的以东方文化为体验的空间是非常好的，但不具备绝对的竞争力。从"场景+内容"的角度来说，需要不断创新和迭代。在"培训+产品"方面，同样也会面临同质化的竞争。整体来讲，艺宿家必须深度思考如何提供一种方法论来嫁接更多的精准资源，打造出更多以古城文创 IP 为导向的结果，才能够实现真正意义上的竞争壁垒的设计。

刘泉泽

第一代的创始人为曾祖父刘明恒先生,出生于清光绪三十四年(1908年),乃刘家口腔行医职业的始祖,后历经祖父、父亲。2007年我承接衣钵,自此成为庆连口腔第四代传承人。

庆连口腔
国内外领先的齿科材料
与世界同步的诊疗技术
打造现代化专业口腔品牌
走过百年历程
始终守护传承刘家历史之溯源

——庆连口腔第四代传承人　刘泉泽

百年企业传承

我是庆连口腔第四代传承人刘泉泽,要和一大波"牛人"用书的形式记录下我们的成长和创业故事,求围观支持。

传承技术　卓越发展

走进候诊大厅,一把写满岁月沧桑印记的诊疗座椅最为醒目,这是爷爷当口腔医生时留下的珍贵财富。在东北,四代传承口腔医疗的刘家人用辛勤汗水和精湛技艺写就了一段佳话。第一代的创始人为我的曾祖父刘恒明先生。曾祖父于1908年开始口腔服务,乃刘家口腔行医职业的始祖;发展至1940年,第二代传承人我的祖父刘世唐先生取得齿科营业许可证,正式将门诊命名为"世春齿科"。祖父在1950年参加辽东省第一次医务人员考试并获得齿科医师证明,同年进入辽

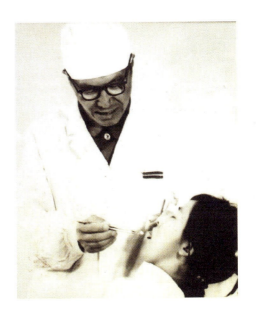

重新**定义**世界
——中小企业转型升级创业实操书

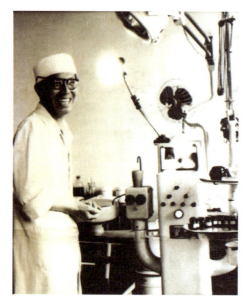

阳市中心医院工作,成为中心医院口腔科的创办人之一;1970年又远赴辽河油田参与当地中心医院创建工作,并成为辽河中心医院第一任口腔科主任。祖父发明了揉压鼻背麻醉拔牙法,解决了对麻药过敏及晕针患者拔牙难的问题。作为第三代传承人,我的父亲刘纯生是口腔颌面外科、烤瓷固定修复、口腔正畸等技术的辽阳第一人,是揉压鼻背麻醉拔牙法的第一代传人,并在1994年正式将门诊更名为"庆连口腔"。2007年我承接父亲的衣钵,成为第四代传承人,成为揉压鼻背麻醉拔牙法的第二代传人。走过百年历程,为实现服务、品质、口碑的再升级,我们一直在努力。今天,我们不止于技术的专注,也在进行商业与管理的创新和发展!

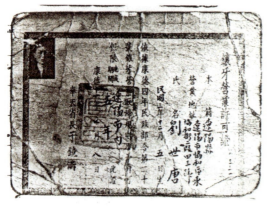
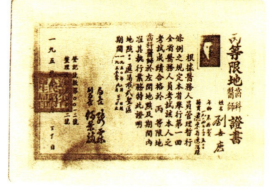

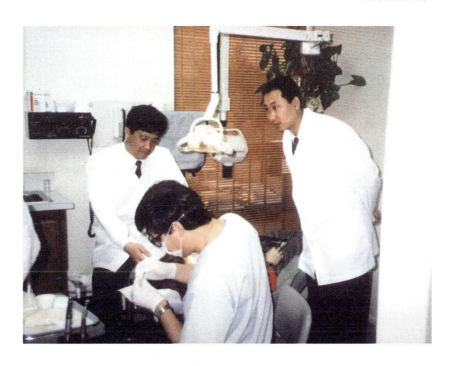

传承发展　相辅相成

对于未来，每个人都有详细而美好的规划！口腔医疗行业的明天该走向哪里，我想这是庆连几代人都最为关注的话题。接过父辈的衣钵，我站在一个比同龄人更高的平台，我的每一步成长都必须做出更精准的选择。口腔医疗是为患者解除病痛并带去美丽的特殊行业。能让所有人自然绽放笑容是口腔医学从业者的心愿，更是我们的追求。我在从业的十几年时间里，不仅致力于口腔诊疗技术水平的提升，还注重商业模式的转型。

在2013年的一次公益活动中，我有幸结识了台湾地区牙科工会副理事长林先生。借此机缘，我们当年就与台湾地区相关机构联创瑞齿教育平台。2015 年，我应理事长的邀请赴高雄 ABC 牙科连锁机构考察，其间，台湾地区对口腔医学的整体水平、医护人员的职业规范、服务细节的高度重视给我留下了深刻印象。同年，我成立了瑞瓷美学义齿中心。近年来，通过与台湾地区业界的深度交流和对他们的大胆借鉴，我整合出一套属于自己的服务流程和管理方案。

我推崇以人为本，科学地规划团队培养和建设，并深度挖掘每个人身上的长处和个性，为其量身定制最为适合的业务培训方案和职业发展规划。迅速成长的医护队伍成就了全方位的人员梯队建设，也锤炼和造就了一个优势互补、协同发展、深度合作的精英团队。

坚守公益　不忘初心

我在致力于打造系统化、标准化、特色化、精品化的专业牙科诊疗机构的同时，还积极开展口腔公益事业，深入幼儿园、社区、广场、高校以及企事业单位，主动肩负起牙科知识文化传播的责任，为百姓进行牙病防治知识的普及教育，增强其口腔健康观念和自我口腔保健的意识。

日常口腔护理和养护是口腔健康的基础。相对于成人来说，儿童更易养成好的口腔卫生习惯。我们已经连续十年为各大幼儿园的儿童免费建立牙科档案，并对适龄儿童进行牙齿健康检查，定期举办口腔保健公益巡讲，目的就是让新一代的人更懂得如何关爱和保护自己的牙齿，进而提升全社会的口腔保健意识。

在企业自身发展进步的同时，我还牢记自己身上的公益责任。2012年，辽阳市东部山区突发洪水，我们第一时间赶赴灾区，为当地的小学送去桌椅、电脑，给孩子们送去衣物和食品。我还加入了"爱心企业联盟"，深入了解开展理想信念教育实践活动的意义，真正投身到活动中。联盟的每个理事单位都资助了贫困山区里家庭困难的孩子。我们定期会给孩子们送去文具和生活用品。看到那些贫困山区的孩子们天真的笑容，感受到他们偌大的满足后，我决定将爱延

续。近几年我的个人捐资已超20万元。

如今，微笑于我是一种态度，更是一种目标。我要让我们的患者微笑，让我们的团队微笑，让社会上需要帮助的人微笑！

理解商业　明确方向

口腔医疗服务行业是一个以专业技术实操性为主的服务性行业。随着我国医疗事业的不断开放,医疗竞争也逐渐激烈。所以在现代商业发展中,口腔医疗诊所的品牌就等于"专业技术+服务态度+环境设施"。

精湛的、不断提高的专业技术是诊所的立基之本。没有好的专业技术作为基础,再优秀的营运模式与营销技巧都没有任何意义。然而据统计,我国口腔执业医师数量严重不足,从年龄的构成来说,偏年轻化与初级化,口腔科医师水平仍有较大的提高需求与空间。

服务态度与团队成员的文化气质和职业素养有直接的联系。因为我国医疗事业不断开放,所以社会要求的标准也越来越高。人们

不仅要求医生能迅速解决病痛，还希望自己获得高品质的服务。每名员工的形象、态度和一些细节都会影响客户的满意度。客户满意，就会互相转告。这是企业宣传时最廉价的广告，也是效果最好的广告。

随着生活水平的不断提高，人们对品质和环境的要求也日益提高。这不仅要求诊所环境卫生整洁，还要求医疗设备安全舒适且诊治过程中疼痛感小。我们既要花重金对诊所进行布置，还要购置先进的诊疗设备以减轻患者的疼痛感，从而提高患者的满意度。

口腔传统业态过于依赖口腔医生，而数字口腔才是口腔医疗的未来。数字口腔释放医生的生产力，将口腔医疗、互联网联系起来，实现互联网、服务、软件、硬件一体化。

想要做最好的口腔门诊，不仅要提供最好的医疗设备和高品质的服务，还需要我们有先进的技术和先进的管理理念，颠覆传统的"小作坊式"的经营模式。

应用网络　颠覆传统

现实的商业世界中，我们身边更多的是只看眼前的生意人，见风使舵、见异思迁，这样或许能抓住一点商机。但现在是互联网时代，这个时代其实最好的改变就是增加了人与人的连接。可能有的人会说互联网淡化了人与人之间的感情。其实不然，从来没有哪个时期像现在这样将人与人之间连接得那么广泛和快速。

门诊其实只要做最简单的操作，多一点主动性，就可以解决很多问题，做出很多改变。门诊应该主动接触患者，让患者了解你、认识你、信任你，从而传播你。不要小看这种传播的力量，不要小看互联网的力量。

重新定义世界
—— 中小企业转型升级创业实操书

2013年中共十八届三中全会提出了产业转型升级，加快转变经济发展方式，加快建设创新型国家，推动经济更有效率、更加公平、可持续发展。

企业的转型升级不仅是企业未来发展方向的根本，还是立足于激烈竞争市场的必备条件。企业转型升级的路径多种多样，如改造提升、自主创新、产业升级、上市融资、兼并重组等，但何种方式才适合自身企业的发展，许多企业难以选择。同时，部分企业也缺乏科学决策和转型升级的能力，企业管理人才和技术人才准备不足，因此陷入了想转型没方向、想升级没本领、想放弃又不甘心的困境。

当今企业之间的竞争，不再局限于产品和服务之间的竞争，而是商业模式之间的竞争。全球金融危机孕育着一个彻底重新洗牌的时代。中国企业的"低成本时代"已经彻底终结，中国企业竞争将不可逆转地进入到商业模式与资本层面的竞争。得商业模式与资本者得天下。

企业如果突破不了瓶颈就会非常危险！我们要突破舒适区——不再是我们熟悉的资源、熟悉的流量、熟悉的渠道、熟悉的创始人的魅力人格和熟悉的社会化营销机制，要有更多真正意义上的新的想象，才有机会去收割即将到来的流行。

如今放眼望去，能赚到钱的人一定是有胆量、有本事、有资源、懂行业的人。不同的行业，方法自然不同。初心会众创营的价值就在于帮助解决传统企业的问题以及加快企业转型升级的速度。一切的升级转型都是从创始人的思维迭代开始的。没有这个源头，其他的一切都没法发芽，没法创造出来。

传统经营模式的企业老板一定要怀有一切归零的谦虚心态。只有将曾经的行业经验彻底归零，才能够重新审视本行业与其他行业的差距，学习补益。这是传统经营模式下企业转型的先决条件。永远有我们看不懂的商机，我觉得未来的魅力就在于能看到企业更多的未知。希望未来我们一起实现更好的转型！

近几年来互联网快速发展。它有传播速度快、覆盖面广、廉价、便捷等优势。所以把互联网与口腔医疗行业结合到一起会加大我们的宣传力度。

青少年在网络上可以获得各种各样的信息，他们很依赖网络，再加上现在的孩子营养摄入偏高，若口腔护理不好，会成为龋齿病的高发人群。针对这种情况，我们可以制作一个迎合青少年兴趣的宣传网站，用寓教于乐的方式，满足他们的好奇心，并建立融洽关系，从而形成一种长期有效的营销方式。对于有工作的年轻人，他们有一定的经济能力和判断力，不会因为一些表面的宣传或小优惠就盲目地接受治疗，只有将网站上的内容做得清晰细致才能吸引他们的注意力。所以有效并持久地铺开和推广诊所的网站能够提升整体的形象与经济效益。

另辟蹊径　勇于创新

随着社会的发展和人们生活水平的提高，牙齿保健的重要性已为越来越多的人所重视，但"爱牙应从小做起"没有引起家长们足够的重视。我们现有的看牙模式是牙有问题了才会去看，然而在发达国家，定期检查口腔已经很普遍，家长一般会定期自觉带孩子去牙医那里进行牙齿疾病的预防和诊治。个中原因不是技术上的差异，而是保护牙齿健康意识上的差异。因此，家长千万别把孩子不认真刷牙和龋齿不当回事，保护孩子的牙齿健康，是社会，更是每一位家长应负的责任。

爱牙护牙，应从孩子抓起。问题应从根源入手，关键在于"防"而非"治"。等牙齿蛀了才防护，给孩子带来的只是痛苦，既费钱又费力。

为了帮助孩子及家长正确认识口腔健康的重要性，我们开展了一系列的体验营活动。在这里，孩子亲身体验了一次当牙医的感觉，并且孩子也从开始的惧怕牙齿治疗，变得敢于直面。

在体验营的活动里，我们已经帮助了数以千计的孩子树立口腔健康观念和口腔保健意识，并且养成口腔保健的良好习惯。

另外，我们门诊还开展了亲子 DIY 活动，目的是通过寓教于乐的方式，促进亲子关系的健康发展，让孩子结识更多的好朋友，让孩子在少年时期健康发展，打破人们对来到口腔诊所只是看牙的传统观念。

不忘初心　继续前行

初心让我们有了一种积极进取、努力向前的状态。苹果公司的创始人乔布斯说过："创造的秘密就在于初学者的心态。"初心就犹如新生儿一般，对世界充满无限的好奇与渴望。因此，应始终把自己当作初学者，时刻把自己当作初学者，永远保持一种激情。加入众创营，我们的"初心"是什么，是向世界学习并分享我们的知识、经验与见解。

在中国共产党成立 95 周年的大会上，习近平总书记出席大会并做出"不忘初心，继续前进"的重要讲话。初心，就是在人生的起点所许下的梦想，是一生渴望抵达的目标。

每个人开始都有不同的梦想，只是随着时间的推移、生活的磨砺，我们更执着于眼前，淡忘了曾经的梦想。不忘初心，才会知道，我们从什么地方来，要到什么地方去。不管在怎样的年龄，都要有踏上征程的勇气和魄力。

金庸先生曾说过："我从小就喜欢徜徉于书海，这成了我一生的愿望。吾生有涯，学而无涯，初心让我学会清零，像一个新生儿一样永远充满好奇，从来不会感觉到年龄的苍老。"初心给人一种积极进取的人生状态，让人们能随时回到起点，重新开始。

我们的大脑中塞满了各种各样的人生经历。有时我们满足于鲜花和掌声，有时我们沉浸于挫折和苦痛。其实我们最需要的就是不忘初心，清零自己，回到充满渴望的婴儿般的状态，拼命地汲取，永远前行在奋斗的路上。

经常让自己回到起点，给自己鼓足从头开始的勇气；经常净化自己的内心，给自己一双澄澈的眼睛。不忘初心，才会找对人生的方向，才会坚定我们的信念，抵达自己的初衷，也更容易抵达人生的目的地。

我是个喜欢挑战的人，我钟情于摩托艇、拉力赛、蹦极等运动。我敢想、敢闯、敢做，不仅如此，我还希望为口腔事业的发展注入更多新的力量。

这次参与出书，使我有了很深的感受和体会。回顾自己的过往经历，也像是把自己重新审视了一遍。

我们既不是天才，也不是蠢材，我们大都只是普通

重新定义世界
——中小企业转型升级创业实操书

人而已。要成为优秀的领导者，需要经历一个锻炼的过程。不管正在看这本书的你，是身家千万的老板，还是昼夜不分的打工族，我希望你们都将自己"归零"，忘记你们拥有的，也忘记你们没有的，重新以一个"学生"的身份来审阅这本书。希望通过此书，你们可以有所收获，了解初心会，了解初心会的每一位人士。

  作为团队的领导者，要懂得什么是团队，更要懂得带领和管理团队的原则。团队就是为了一个共同的目标而一起努力的一群人。在这里，团队成员、一起努力、共同目标，三者缺一不可。作为团队的管理者，不仅要懂管理，还要有"创新精神"。一个团队不懂创新，很快就会没落。一个企业，只要缺少管理，就会彻底崩溃。而没有创新是现存企业没落的最大原因，不知道如何管理是新企业失败的最大原因。我认为作为一个管理者，要想带领和管理好自己的业务团队，要遵守以下几个原则：

坚守原则，以身作则

  管理者只有管理好自己才能够管理好他人。要用积极的心态为人表率，严于律己，坚守原则，身先士卒。遇到困难，管理者应该冲在第一线。遇到奖赏，管理者应该先把好处给下属。

善于沟通，一视同仁

  管理者必须做到尊重员工，对员工不偏不倚，一视同仁，与员工成为朋友。沟通是一门科学。勤于沟通，帮助员工解决一些工作及生活中的问题,是管理者必修之课。

信任第一,善用激励

不轻易怀疑员工的能力,给予员工适当的信任,才会充分激发员工的潜能,因为公司的盈利业绩必须依靠每一位员工。应当经常鼓励员工,调动员工的积极性。

树立目标,一起前行

若干个大小不同的圆,怎样排列才最规则?答案是同心圆。一个团队就像一个同心圆,团队目标和卓越的管理者构成同心圆的圆心。

我回顾祖辈四代口腔执业的经历,留下更多的是记忆。先辈们留下来的能真正看得见摸得到的,可能只有祖父的行医资格证和门诊执照,还有一把写满岁月沧桑印记的椅子。虽然精神的传承弥足珍贵,但我同样希望,能以文字的形式记录今天庆连的每一个足迹,把它作为今天的记录和明天的见证。

口腔医疗是一个充满创业希望的朝阳行业,只要我们肯开动脑筋、拓展思路,敢于打破陈旧的传统的经营模式,努力探索和建立全新的更适应本行业市场发展规律的营销模式,就一定会早日迎来口腔医疗服务市场的繁荣发展。

作为口腔医学的过来人,我想给口腔医学专业或未来将选择口腔医学这个行业的学生一句实用的话，我认为对于一个口腔科学生再适用不过，那就是要坚持并有自信，确立正确方向，告别茫然无措。

一路相伴　感谢相随

信仰是什么？是感恩，是敬畏。信念是什么？是坚定对未来的判断，并走下去。我们要对过去感恩，对未来敬畏，对今天珍惜！相信信仰的力量，相信信念的力量！

最后非常感谢初心会的邀请，邀请我参与这本书的编写。成长的故事，我们共享！美好的明天，我们共享！未来有你，我们共同成长。不忘初心，一路相随。

这个行业大部分创业者都是牙医转型的，很多都是专家，但不是真正意义上的老板，不太擅长做推广和运营，也不太擅长做管理和整合。很多这个行业里面的口腔诊所的老板都变成了"小富即安"的小老板，但确实又不像老板那样会用人、留人，大部分都是自己一个人带动几个人去打拼。

常见的痛点有三个：第一，在运营口腔诊所的时候流量匮乏，没有营销意识，没有推广的能力，基本上都是守株待兔，非常被动。第二，老板非常辛苦，管理意识不强，兼顾干活和专业度的提升，无法复制壮大。第三，业务单一，诊所基于个体用户服务的频次也不高，盈利模式不丰满，用户运营比较失衡，所以在整个收入上没有大的爆发的可能。

对这个项目的突破，有以下五个方面的建议。

◎ 定位

应该定位成口腔医疗诊所的托管专家，后期是打造口腔医疗的服务平台，本质上未来是变成口腔医疗的管理公司、商务及供应链服务公司，可在市场上聚焦三四线口腔门诊，提供赋能服务。

◎ 切入口

常规商业最基本的三要素是"人""货""场"。对于刘泉泽来讲，已经走到了第二轮。早期创业是针对某一群"人"做口腔治疗的，刘泉泽提供专业技术，自己开门店，进入"场"。第一轮"人""货""场"走完了，到第二轮了，又要重新聚焦"人"了，只是这一次从C端个人用户转向了B端的机构或个体户，我们称为"用户重构"，要界定"用户画像"。也许基于三四线城市的个体户更适合他现在重构的"人群"，而"人"的背后真正能够激活的就是"社群"，所以必须开发他的社群的会员服务。这个会员服务首先要涉及一个"轻决策""高感知""短闭环"的有导向的社群服务，即卖会员。要能够形成一定的会员量，要么提供咨询服务，要么提供技能培训，比如专业的拓客或推广，要么提供软件、工具，比如针对用户管理的工具。

◎ 产品

找一些难度不大、投入不大，但是很快就能够看到结果的入口级的产品，以满足社群会员的招募。要打造一个差异化的爆品，作为这个社群的切入点。这个爆品必须是独树一帜、与众不同、有竞争力的产品，性价比极高。这个入口级的产品要能够挖掘出牙医的内涵，打造 IP，更好地实现品牌的推广和提升自己市场的影响力。比如牙医说自己是最专业的拓客专家，就把流量搞定，做流量、引流，也可以卖一个社群的产品。在这里面还有两个导向：第一个是在社群运作的时候标配的产品就是"培训＋游学"，可组织收费的或免费的培训、游学。特别是游学，基于这个行业的游学，要能够粘住用户并且组团，因为在一起会有一定的采购量，会有一定的需求。另外针对一些特别有需求也有一定支付能力的诊所，可以利用它过去积累的能力和优势通过对赌托管的方式做服务：我帮你做运营，赚到钱一起分，"对赌"结果，中间尽可能组织一些游学和培训，这样社群就完善起来了，既能够有用户，还能够赚到钱、有利润。

● 运营

要涉及"引流"和"入口级"的产品，并且推动用户从个人到家庭、从个人到企业的裂变，打造标准化、流程化、规范化的系统，做到对用户需求的管理，实现预前管理，在这个过程中还可以顺势建立起一套适合这个行业的运营系统。

● 平台

要构建 S2B 平台，为未来打造行业生态做好准备。会需要基于 SAS 系统的软件，也需要基于营销、运营的推广，还需要各类生态产品以及人才的培养和训练。未来通过提供一体化的、平台化的、自动化的系统服务，实现从口腔诊所托管服务这个市场里走出一个平台式的企业。

杨 卿

"95后"创业者,江湖人称"小鲜叔""卿爷",非典型上海人,不安分。20岁刚出头,却沉稳得不像个"95后"。颜值了得,却靠才华吃饭。

人生没有回头路,每一步都算数!

——卿云众创创始人 "小鲜叔" 杨卿

泛"90后"的万亿市场

致每一位支持我梦想的读者

爱人如爱己,是我从事创业孵化的初心,更是我的生活态度。重新定义世界,从孵化更多让世界更美好的创业者开始。

从小就偏爱那些重新定义世界的英雄,哥伦布、柏拉图、老子、马克思、曼德拉、马丁·路德·金、邓小平……成年后却发觉英雄时代仿佛早已离我们远去。

而今,经历过些许世事,方才懂得万物皆有其规律,自然生长是最好的状态。物欲横流,是值得捶胸顿足的悲哀现状,也是社会发展的必然阶段。精致的利己主义者,是文明社会的毒瘤,也是必然的产物。作为一名"95后",有过挣扎,有过迷惘。"每一个不曾起舞的日子,都是对生命的辜负",希望你和我一样,在短暂的生命里与心灵共舞,重新定义世界!

致每一位身处花样年华的同龄人

面朝大海,春暖花开

海 子

从明天起,做一个幸福的人

重新定义世界
——中小企业转型升级创业实操书

> 喂马，劈柴，周游世界
>
> 从明天起，关心粮食和蔬菜
>
> 我有一所房子，面朝大海，春暖花开
>
> 从明天起，和每一个亲人通信
>
> 告诉他们我的幸福
>
> 那幸福的闪电告诉我的
>
> 我将告诉每一个人
>
> 给每一条河每一座山取一个温暖的名字
>
> 陌生人，我也为你祝福
>
> 愿你有一个灿烂的前程
>
> 愿你有情人终成眷属
>
> 愿你在尘世获得幸福
>
> 我只愿面朝大海，春暖花开

《面朝大海，春暖花开》是我最喜欢的一首诗。年少不识愁滋味，年长了也不去深究诗中表达的是热爱还是绝望。于我而言就是单纯地喜欢，纯粹地偏爱。

年少的我，是个伪文青，"伪"不代表真假，更不是虚伪。"伪"是一种态度，是一种无知便无畏的态度。因为和人类的历史长河相比，我们终究是沧海一粟，以下行文也仅是我的一家之言，不希冀着流芳百世，千古留名，权且当作一个无知无畏伪文青的酒后闲言。

十岁时匆忙遇见了躺在铁轨上以梦为马、面朝大海、春暖花开的海子。

十五岁时懵懂邂逅了身处世界尽头与冷酷仙境，不怕孤独、害怕失望的村上春树。

二十岁时不经意拥抱了呼喊着上帝已死、为了不辜负生命每日起舞的尼采……

他们都是我的英雄，而我也渐渐懂得"这世界上只有一种真正的英雄主义，就是认清生活的真相并继续热爱它"。因为热爱，所以存在。这个世界终究属于我们年轻人。让我们一起重新定义世界！

以下自述，文风突变，请见谅。

我叫杨卿，江湖人称"小鲜叔""卿爷"……每个名字的背后都有一段不为人知的故事：

"95后"创业者，在本该是"鲜肉"的年纪却长成了大叔，因此得名"小鲜叔"。自称高配版郑恺，不靠颜值，靠才华吃饭，今年是创业的第四个年头。

非典型上海人，不安分。曾经学霸一时，中考不慎考入上海最好的高中，本应一路顺风，步入名校、世界500强的康庄大道。谁

重新定义世界
——中小企业转型升级创业实操书

料，却不走寻常路，高二开始组建上海学生志愿者联盟，最高峰时聚集了上海50所重点高中的3000名高中生志愿者，使联盟成为第一大社团（每个人心中都有一个江湖梦）。"卿爷"的戏称自那时开始，同时也在我心中播下了公益的种子。目前担任中国狮子联会浙江讲师团副团长，传播公益，在世界中心呼唤爱。

志愿者社群只是一个序曲，高中毕业后，我放弃了美国大学的学习，休学创业。重重阻碍当然不可避免，但我坚持自己的梦想，坚信自己不会成为别人的笑话。第一次创业，我用三寸不烂之舌说服原来在新东方教授我英语的老师与我一起打拼。我们定位高端留学咨询与培训，提供个性化定制方案、全托管式服务，赢得了用户，我也赚到了人生的第一桶金。成年人的世界没有"容易"这两个字，盈利的背后，我第一次感受到巨大的压力，有过连续三天三夜不合眼的经历，也有一天之内拜访十个客户的精疲力竭。那一年，我19岁，有满脸的胶原蛋白和满脑子改变世界的想法。

2015年，O2O大潮来袭，我也顺势而为，一头扎进O2O大军，将留学公司交给合伙人打理。当时我认定未来生活是信用生活，未来经济是共享经济，"快帮"App就应运而生。这是一个针对高校大学生的信用社交平台。可互联网就是这样，快人一步是先烈，快人半步才是先驱。用户增长速度快，但活跃度很不乐观，半年几乎"烧"完了我所有的积蓄。"山重水复疑无路，柳暗花明又一村"，可能这也是一种福报，公司被一家上市公司收购，我也结束了移动互联的探险之路。那一年，我20岁，学会控制自己的情绪，学会笑着面对失败。

过去的一年多里，我从创业者变成了一个创业服务者，创立了卿云众创，帮助大学生成功创业。我发现我终于寻找到了初心。只有当你开始为更多需要的人做些事情时，你才能走得更远。

卿云众创旗下卿云汇与学校合作，为大学生提供科学化的创业方法论，提高创业成功率，降低试错成本；邀请企业家和创业者进入校园，开展沙龙，传道解惑；为企业家和大学生搭起桥梁，让他们协同创业，企业家提供高度标准化并且符合校园市场的成熟项目，大学生组建创业团队运营项目。过去的 450 天里，我们举办了 14 场协同创业活动、52 场大学生创业培训，辅导了 106 个大学生创业项目，累计有 3235 个大学生创业者受益。大学生创业服务孵化出"飞修客""蒸汽不少女""要有光"等协同创业项目，其中 5 个项目获得融资，3 个项目获得种子轮，1 个项目获得天使轮，1 个项目即将步入 pre-A 轮。

同时，卿云众创旗下卿云书院协助企业家进入"90 后""00 后"市场，用我们积累的百万大学生资源以及对新生代市场的理解，助力企业抢占 3 亿人的"泛 90 后"万亿市场。目前孵化了手机租赁品牌——飞修客、校园美妆平台——蒸汽不少女、新潮茶饮体验店、法国香氛品牌、微型净水细分领域的优秀品牌……

今年，我 23 岁，沉稳得不像个"95 后"。学会和世界相处的前提是学会和自己相处，儒家思想提到慎独太难，中庸更难，那至少做个宠辱不惊但心中永远年轻的男生。什么是年轻？就是心中永远有梦，就算再遍体鳞伤。人生没有回头路，每一步都算数！

重新定义世界
——中小企业转型升级创业实操书

以下"90后""00后"市场方法论,文风再次突变,请再次见谅。

方法论前言

"90后""00后"大多是独生子女,个性独立,但凡事都有两面性,以下的几个关键词就是最好的佐证。

懒:"90后""00后"依赖O2O服务和外卖,没有社交需求都不愿意逛街,住房喜欢简洁风格,滴滴打车等更是令其走不动。

内容:"90后""00后"更愿意为情怀、内容买单。产品故事销售模式因此兴起,区别于广告模式的内容型产品能获得更多的忠实新生代用户。

小众:标签很多,每一个标签都代表着一群不同的人。所以需要更多元化的产品来满足不同群体的小众需求。

理性:"90后""00后"大都是花钱的好手,不会像"70后""80后"那样存得住钱,但他们懂得为品质买单,这也是消费升级将会发展壮大的重要原因。

预支付："90后""00后"习惯于超前消费，需要更多的信贷提供资金支持。虽然新生代财力有限，但是理财意识比较强烈，对互联网金融普遍比较了解。简便快捷的金融服务是新生代的首选。

新生代浪潮

吴伯凡老师提出过一个很有趣的模型——ABCD，"A"代表AI人工智能，"B"代表Big Data大数据，"C"代表Cloud云计算，"D"代表Design设计。

AI人工智能

"90后""00后"是孤独的一代。这种孤独除了是独生子女这个时代的产物外，更多的是内心的孤独。人工智能针对这一群体最大的机会在于弥补这种孤独，可以和机器人对话，和机器人谈恋爱，和机器人过正常人的生活。

Big Data大数据

数据时代，每个人不再只由名字、性别、出生年月构成，还有一个个标签、一行行代码。著名的人工智能公司科大讯飞平均给每个客户贴上了1000个标签，详细程度堪称可怕。数据面前没有秘密，我们所谓的隐私都赤裸裸地展示在电脑屏幕前。微软收集大量的视频数据，分析每个人的微表情，可以轻而易举地判断出每个表情背后的心理活动和含义。

Cloud云计算

前一阵鹿晗和关晓彤恋爱的消息一度使得微博瘫痪。微博迅速集结了一千多台阿里云服务器，让粉丝尽情宣泄。流动的云，共享的云，强悍的云……云计算的速度超乎常人的想象。

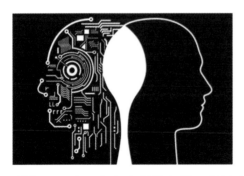

Design 设计

颜值经济时代已经来临，人类都向往美好，尤其是"90后""00后"。小到一把壶、一双筷子、一支笔，大到无印良品、名创优品、诚品书店这样的品牌，设计力已成为核心竞争力，设计背后体现出来的小众情绪已经深入每个青年群体的内心。"美好"首先是"美"，美是生产力，好是推动力。

在 ABCD 的时代，融合人工智能、大数据、云计算和设计的企业才能成功跨越鸿沟，拿到通往"90后""00后"时代的船票。

新青年革命

如今，"90后""00后"正在兴起新文化运动的浪潮。品类革命、场景革命、小众革命……文化的更迭远非脑力可以估量，脚步可以丈量。让我们来管中窥豹，瞥一眼"90后""00后"的新青年革命。

品类革命

未来不同品类之间的界限将会被迅速打破，跨界融合是唯一的生存之道。

MUJI 无印良品为很多"90后""00后"所钟爱。灰色、米色、白色等低调的色系是 MUJI 的首选，简约却不简单，质朴却不土气。服装、化妆品、家具、文具、自行车，应有尽有，突破了原有对品类的界限。走进 MUJI，价格不菲却看似普通的物件代表着"品味"与"格调"，购物者也被贴上"品质生活"的标签。

昆仑决如今已是个爆款 IP，打造了一个有强大市场且独具特色的跨界品类，融合了西方的搏击与中国的功夫。它结合国外成熟的商业模式，打磨具有深刻本土烙印的搏击赛事，培养了一大批"90后""00后"忠实粉丝。也许这就是新青年心中的武林。

无锡拈花湾是近年最有市场热度的小镇,也是一个从无到有,年入十亿的文旅小镇。拈花湾借鉴了日本奈良的风格,又融入了中国江南小镇特有的水系,现已成为众多"90 后""00 后"的修心净地。这里有唐朝盛世长安的繁华,有江南千年的古韵,将禅境与佛意融合到景色、寺院、民宿、酒店与住宅中,超越了原有旅游地产的境界,成功是必然的。从初建的禅意小镇,到各具特色的主题客栈群花开遍地,两年的时光,拈花湾用一落落院子安抚着沉浮不定的心,用一个个有温度的禅意故事描摹着生活本真的模样,舒心、自在、闲趣。身边的一位"90 后"好友写道:"于禅心禅意的拈花四季里,我领悟了'好好生活'的真谛,我遇见了最初温润的自己。"

品类革命,早已是不可逆的趋势。在商业革命中,会有众多公司自然消逝,也会有更多新物种诞生。这些新物种都会流着跨界的血,长着融合的肉。既然逝去的留不住,就让我们好好拥抱新物种吧。

场景革命

决定胜败的不是你的产品,而是产品所处的场景。"场景"是个大词,也是个热词。重塑场景是每个企业、品牌都在思考的重要命题。

红极一时的盒马鲜生用两年时间开了13家线下门店,其间也获得了阿里的A轮投资,成了名副其实的阿里成员,如今已有几家店实现了盈利。盒马App结账和30分钟配送到家是盒马看似偏执的两大神器,也是它赖以未来成长为横跨线上和线下的庞然大物的利器,传统的超市场景也被转化成了线下的流量入口和前置的仓库。以高难度的生鲜品类切入的社区场景,其实是一二线城市的中产人群尚未被满足的巨大的消费场景,也是消费升级趋势下取代传统菜市场的购物场景。盒马鲜生也会在未来拓展办公楼场景和周末的超级卖场场景。重塑场景即是重构需求、重构购物的路径。

无独有偶,新零售这个巨大风口几乎同时出现了另一个巨头——超级物种,它是京东和永辉超市的"亲儿子",自然也是盒

马鲜生最强有力的竞争对手。超级物种从另外一个角度做了一次场景革命。定位"新时尚轻奢餐饮"的超级物种构建了"餐饮+超市+互联网"的生活场景，目标人群就是"80后""90后"和"00后"。鲑鱼工坊、波龙工坊、和牛工坊、咏悦汇、生活厨房、健康生活有机馆、静候花开花艺馆……每个工坊都有特别引流的商品，每个爆款商品都有其独有的属性和成立的场景。

场景革命之风也不仅仅体现在新零售上，如诚品书店的文艺场景、无印良品的素雅场景、大隐书局的禅境场景、3W咖啡的创业场景、猫的天空之城的书信场景……找到属于你的差异化场景才是制胜之道，得场景者得用户。

小众革命

B站（bilibili）是大多数"60后""70后"无法理解的存在。弹幕是新一代人群的狂欢，段子是这个时代文学最有代表性的形式。"90后""00后"看剧几乎不看剧情，弹幕是其最大的乐趣、最热衷的社交方式。

快手的出现搅乱了原本平静的社交江湖。快手的现象级爆发成了小众社交的集中体现。同性社交也在近两年成为大热门，越来越多的年轻人愿意公开自己的性取向。也许有一天中国会像一些欧美国家一样，对待同性恋虽有褒贬，但大多数人还是给予理解和祝福。

快看漫画的"90后"创始人陈安妮用一篇《对不起，我只过1%的生活》激起了许多同龄人的共鸣，也收获了众多粉丝。漫画已从小众人群爱不释手的娱乐方式逐渐走向大众。

作为一种文化标签，嘻哈涉足了潮牌服饰、滑板、街球、Live House等诸多领域。它是一种生活方式，也是一种表达方式。"90后""00后"一直在潜移默化地接受着嘻哈文化。"90后""00后"更在乎个性的、直接的表达，更独立自主。互联网让年轻人渴望表达，也让嘻哈的兴起有迹可循。

在新一代的青年中还有太多小众的文化与群体。小众也总有一天会成为大众。抓住小众兴起的临界点并结合自己的品牌或者产品才能避免被时代的洪流冲刷得丝毫不剩。

新王者荣耀

新生代浪潮展现的是已经来临并且愈演愈烈的时代画像，新青年革命描绘的是愈演愈烈并且摧枯拉朽的时代洪流，新王者荣耀则是和各位探讨如何在"90后""00后"新时代成为一代枭雄。

内容为王

古今中外，内容都是造成杀伤的第一利器。所谓上兵伐谋，在新时代的商业战争中，内容便是谋，最具杀伤力的长矛。如今，内容创业浪潮汹涌，厮杀激烈。

得到在短短两年时间里吸引了 700 万付费用户。用户愿意付费代表着对价值的肯定，也是资本市场上最有说服力的筹码。人人都有生怕错过时代热点的心态。得到巧妙地"利用"了这种心态，用大咖资源引流，以电子书、直播、讲座收割长尾用户，实现了名利双收。无独有偶，知乎凭借着庞大的用户基数启动了知乎 live；分答这个似流星般的爆款也不约而同开启了分答小讲；喜马拉雅携 4 亿用户推出了喜马拉雅小学问。

虽然自媒体行业经历了淘汰、兼并，但一条、二更、咪蒙、吴晓波、十点读书等都各自在熟悉擅长的领域依旧持续变现。

每个公司、每个品牌都要做属于自己的内容，以匹配产品的调性，符合用户的要求。酒香不怕巷子深的年代早已过去。不借助新兴平台开拓创新，不生产内容的企业必将中道崩殂。

设计为王

在无数"小鲜肉""小仙女"霸屏的时代，美图软件成为刚需，发朋友圈前修图是基本修养，颜值经济已被提升至前所未有的高度。

猫王收音机创造了无数个记录，到 2017 年年底，猫王收音机已经累计销量达到了 100 万台。用 50 年北美胡桃原木，全手工打磨铸造，每一台都有独立编号，每一台都可以说是世界唯一。怀旧外形的机器上还有一只 20 世纪 40 年代至 70 年代特有的真空荧光显示电子

泛"90后"的万亿市场

管,用来显示电子信号的变化……无数的细节成就了猫王收音机的复古高颜值,也体现了它的匠心情怀。

桃园眷村因一篇朋友圈的推文爆火,"他在 LV 边上开了家烧饼油条店,火遍上海滩,网红们为吃上一口甘愿排队两小时"着实很容易勾起人们的好奇心。以眷村为名,繁体字、木器、矿工灯、旧物

什：餐厅的每一样东西，自成一道风景。搭上互联网时代的列车，在设计为王的时代，桃园眷村就这样红遍上海滩。

如今还有很多企业只关注产品的质量，不思考如何把优质的设计融入产品中，回归常识、回归人类原始的欲望。在设计为王的时代，再不美就老了。

效率为王

在这车水马龙的世界，欲望已经不仅仅来源于对美好事物的渴求，"90后""00后"更希望在第一时间得到满足。京东的崛起除了货品的保真外，也离不开强大到可以次日到达的自营物流体系。如此高的效率成了京东截杀阿里的一大利器。

美味不用等已覆盖200多个城市的60000多家热门餐厅。每月排队订位订单量逾2000万个，月服务就餐人次超过8000万，单日支付流水突破1.6亿元，已成为餐饮行业领先的线下支付入口。美味不用等从"排队"这件小事切入，简而言之就是帮助用户远程排队和提醒用户排队进程。但就是这件小事，造就了它的成功。依我看来，是这个效率为王的时代成就了它，"90后""00后"愿意为了节省排队时间而不假思索地下载它、使用它，甚至愿意付费给它。

如今的物流已不止于"完好送到"，还加入了安全、时效、服务态度等更多评判标准，如寄快件、急件、重要件就可能首先选择顺丰。大家开始愿意用更多的钱去购买更高品质的物流服务。顺丰在同城配送的起价是12元，而闪送这个新兴同城直送最初的起价竟定为了19元。这么任性有市场吗？有！我身边已有很多"90后""00

后"体验过闪送,得到的反馈是"再也不担心手机落在家里了""再也不担心送礼物却错过生日了"……

响应速度、连接速度成了这个时代的标配,因为钱不再是问题,新生代的年轻人愿意为效率付费,为速度打 call。想做新生代市场,你的效率够吗?

内容为王、设计为王、效率为王,三条王道将助你"王袍"加身!

结　语

电视剧《虎啸龙吟》中有一场景给我的印象尤为深刻:年老的司马懿对自幼陪伴的侍从说:"刀,已经不在,我手里了。"是啊,刀已不在手中,谈何争霸天下?江山代有才人出,刀在年轻人手上,在新生代手上。与时俱进重要吗?很重要,但和年轻人为伍更重要!也许未来不再有百年企业,只有永远更新、一直迭代的企业。想要永葆青春,就和新生代一起创造新世界吧。他们不够成熟、不够老道,但是总有一天,他们会重新定义世界。就在不远的将来,"90 后""00 后"会造好诺亚方舟,引领着愿意相信的人一起驶向未知却必定精彩的新世界!

未来将来，邀请你和我们一起重新定义"面朝大海，春暖花开"的新世界！

大学生创业服务不太容易做，因为市场需求量不是很大，而且频次并不是想象中那么高。这个创业项目看上去挺有前途，但落地时会有很大的挑战。

有三个方面需要注意。

◉ 战略上要调整

项目的市场是付费能力有限，持久性、周期性非常有限，小众且企业回报率不太高的市场，所以战略上需要调整，要从对大学生乃至大学群体做服务的角度找寻更好的突破口。大学生除了衣、食、住、行、娱之外，还有金融、小额贷、个人贷以及教育考级、就业、留学等延伸需求。大学生就业市场很大，催生出很多不同的服务平台。要从服务的角度去思考，找到更好的定位。

◉ 战术上要优化

战术上要借力打力，借助现有的比较成功的产品或者模式去复制。比如修手机、洗球鞋的服务在大学生创业里面已经被复制得很多了，这些都可以直接借鉴。同程网会用很多大学生去做兼职客服，也能赚到钱。这种形式也可以尝试。再比如，在厦门，通过科研研发出来的一些洗车的技术，成本更低，但洗车的效率更高。做一些创新项目,就更容易拿到融资。基于大学的科研成果去做一些变现服务,也是值得去探索的。战术上要做很多优化,才能找到更好的商业变现方式。不太建议自己过度创新,尽量尊重"红苹果法则",把已有的好的模式和产品为我所用。

◯ 战斗上要做跨界

可能有很多大学生超越传统的市场对手或者成年人、工作的人,在兴趣上可以实现一种跨界的顺延。而且有很多年轻人基于新的产业、增量市场恰恰拥有更强劲的竞争力。

除此之外,大学的闲置资源如何激活是个很大的思考方向。要基于价值链的上游、中游、下游激活大学的闲置资源,包括大学生的时间、科研成果、大学里的物业等。这些都是可以通过重新整合设计实现突破的。

「挺哥说」
用自己"喜欢"的方式活尽一生

2018年苏城下第一场雪后,朋友圈里晒满了"瑞雪兆丰年"的照片。早上在路上顺手拍了一段下雪视频分享出去,口中不由自主地哼起"雪,一片一片一片一片……"。那是1996年范晓萱《雪人》的片段。记得那年,我高三毕业,10月来苏就学,转眼22年,如今恰是不惑之年……

从读书到工作再到创业,一路走来,危机感始终伴随着我。心中最惧怕的是:走了一段时光,蓦然回首,还在原地踏步。

「挺哥说」用自己"喜欢"的方式活尽一生

大半的人在20岁或30岁时就"死"了

作家三毛写的文章里谈到她大学读哲学时的思考,那时候她总是"想弄明白人以及个体的价值究竟是什么"。

在攻读哲学中,三毛发现了一个现象:"大半的人在二十岁或三十岁时就'死'了。一过这个年龄,他们就变了自己的影子。以后的生命不过是用来模仿自己,把以前所说的、所做的一天天地重复,而且重复方式越来越机械,越来越荒腔走板。"当然比这更可怕的是活尽了一生,却"山

寨"了别人。

世上最大的悲剧，是你对于生活有些不甘，却不愿努力。有时候为了宽恕自己，只好自欺欺人地说：这就是我想要的东西。于是圆了个借口，安慰了自己，最终却成了自己的笑话。

特别喜欢一句话：最怕你一事无成，还假装与世无争。

对一个人来说，没有什么比对自己真诚更重要了。虽然这个世界上最真实的东西是眼睛看不见的，但是自己对自己的真实确实可以由心感知。

所谓的"喜欢"与真正的"喜欢"

生命中有一些所谓的"喜欢"是假的，那是为了逃避，糊弄一下自己，给自己安慰的理由；而有一些真正的"喜欢"是难的，因为

那是要用饱满的热血和一生去践行的。

真正的"喜欢"，背后是一生的选择。你说是梦想也好初心也罢，为之付出绝不是一时兴起，对应而来的是毕生的追求。它能让你最终成为你。

从骑牛西去的老子到功成隐退的范蠡，从竹林七贤的嵇康到徒步

取经的玄奘，从情辞婉约的李清照到豪迈奔放的辛弃疾，从逆境顿悟的王阳明到尚拙博识的曾国藩，从傲骨深情的朱自清到两弹一星的邓稼先……

从中感受到的那种执着和坚守，就是由心而生的"喜欢"。喜欢之心看似简单，背后却是一种无与伦比的对生命和人生的严肃态度。

一千次转身，换来一世认真。选择是人生中最重要的词了。俗话说老板最大的成本是无知，我觉得最可怕的无知就是不知道自己到底想要什么。

我自己创业以来大大小小成立的公司也有十多个了，但也是直到创立初心会后才开始从真正意义上确认此生的追求。这种追求化成了心中真正的"喜欢"，于是我没日没夜地辅导项目，全心全意地思考创业。每当看到走偏的项目和不靠谱的创业者，心中那种着急感也许只有自己知道。然而与其说是帮助别人，不如说是帮助自己，因为相对于自己成功来说，在助力于他人成长的时候，心中有了更多的成就感和幸福感。

那种不是浮于表面而是根植于内心的真正的"喜欢",不是浅浅的爱好,而是毕生的追求。而这种义无反顾地选择也让生命可爱和珍贵起来。

喜　欢

2017 年我所了解的仅有的几部电影里,我喜欢《七十七天》,喜欢《芳华》,喜欢《无问西东》。我喜欢里面的角色,喜欢里面主演角色的真实,同样也喜欢导演本身的真诚。

在采访《无问西东》导演李芳芳的文章里,有她的一段自白:"我就是一个每天在思索生命意义的人。我想做那样的作品:能够在世界很美好,但是世道很艰难的环境当中,给予人温暖和力量。"

我想所谓的"喜欢",应该就存在于这个年轻导演非常简单直白的诉说中吧。

重新定义世界
——中小企业转型升级创业实操书

《无问西东》里有一段非常打动人的对白,那是沈母对儿子沈光耀说的话:"当初,你要离家千里,来到这么个地方读书,你父亲和我都没有反对过。因为,是我们想你,能够享受到人生的乐趣,比如读万卷书行万里路,比如同你自己喜欢的女孩子结婚生子,能够享受为人父母的乐趣。你一生所要追求的功名利禄,没有什么是你的祖上没经历过的,那些只不过是人生的幻光。我怕,你还没想好怎么过这一生,你就连命都没了!"然而沈光耀看得到底层的苦,看得到国家的危难,如今哀鸿遍野,他怎能无动于衷?最

「挺哥说」用自己"喜欢"的方式活尽一生

终他毅然决然参军奔赴空战。沈光耀为国献身时,沈母满脸泪水、痛苦万分,但仍然不忘给大林小林送上一碗银耳莲子羹……我想沈母对沈光耀的选择是应该懂了的。

两年前有一部电影《驴得水》,里面有个很污却很特别的姑娘张一曼。如果说,张一曼仅仅是污得胆大,那你一定不会觉得她可爱。她可爱且并不惹人讨厌的原因在于,她从来没有活在别人的眼光里。有一个片段:她边剥蒜边唱歌,阳光洒落在地面上。那如痴如醉的《我要你》的旋律,让你忍不住觉得这个长相寻常普通的女人无比惊艳。但那是个荒诞的社会,可以包容谎言,可以包容贪婪,可以包容罪恶,但不会包容一个随心所欲、按照自己性子来生活的另类女人。喜欢一种活法,背后往往背负着生命不可承受的压力。

对于一生来说,或长或短。我们会用自己喜欢的方式活尽一生吗?我们能用自己喜欢的方式活尽一生吗?你得用一生的时间慢慢回答。无论结果如何,我知道,能那样做的一定

233

重新定义世界
——中小企业转型升级创业实操书

是少数派!

我记得三毛的答案是:"我唯一锲而不舍,愿意以自己的生命去努力的,只不过是保守我个人的心怀意念,在我有生之日,做一个真诚的人,不放弃对生活的热爱和执着,在有限的时空里,过无限广大的日子。"

又是新年了。去年我写了一篇《我想和你一起虚度光阴》,今年的此刻我想写一篇留白的文章吧。你想看到什么、想听到什么、想做什么、想和谁在一起都不重要,重要的是你是否有一种从心灵深处满溢出来的不懊悔也不羞耻的平和与喜悦,能否始终保持这种平和与喜悦,最后找到属于自己的真实和存在。

我们不活在他人眼中,也不活在他人嘴里,我们只活在自己的心上。

2018年苏城下了一场大雪。大家都说瑞雪兆丰年,如果上天让你从"瑞雪"和"丰年"中选择一个作为你的人生，你是愿意成为"瑞雪"还是"丰年"呢?!

用自己喜欢的方式活尽一生，你的选择就是你存在的一切。

初心會

中国首家反传统众创社群

自2015年成立以来，初心会借助移动互联网的浪潮，召集渴望突破、寻求转型的创新创始人，以反传统众创方法论，推动中小企业的变革和成长，打造创业者的"一带一路"。

目前已覆盖295座城市、3个海外国家，成立了330个全国众创大学分校，共触达约28万创客和6万用户。

2017年成立初心众创大学，打造众创辅导、众创孵化、众创招商"三位一体"的全国众创服务第一平台。

初心众创大学立志打造一个属于创业者自己的大学，通过共同认可的价值观把大家凝聚在一起，共同学习，分享资源，匹配融入，合力打造生态圈，共同孵化项目，共享回报，分享闲置资源，匹配精准资源，创造竞争资源。

产 品

初心众创团

帮助用户盘活闲置资源，匹配精准资源，创造竞争资源。

会员核心权益	
权益	内容
"众创变现"——最吸金的众创课（价值12800元）	立竿见影的众创秘诀和玩法，在不增加投入的前提下，同样一门生意做出十倍现金流。
项目诊断（价值12800元）	初心会创始人王挺领衔，避开死路，少走弯路。
社群活动	连接有势能的众创平台和社群，融合内外部资源，共创新价值。

初心会众创营

众创招商

定位企业轻招商服务，帮助企业迅速从1破1000。一种全新的超级招商模式，颠覆传统收费模式及招商手段（"3个月回报100万元，6个月回报500万元，9个月回报1000万元"），实行"0元支付，招商业绩对赌"政策。